高等职业教育创新创业系列教材

创新创业实训教程

主　编　吴月红　李经山
副主编　唐卫东　兰　琳　王　维
　　　　王　珂　王美多
参　编　李元元　代利利　彭晓云
　　　　王　琪　徐宇琛
主　审　彭圣文

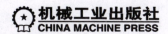

本书为高职高专创新创业实训活页教材，共分为 8 个任务，包括组建团队、挖掘创业点子、分析市场、设计商业模式、选择组织结构和法律形态、准备投入资金、防范风险和工商注册。

本书结合实际创业过程，按"下达任务—理论学习—工作手册—会议纪要—随堂练习—考核与评价—拓展知识—拓展练习"的体例进行编写，在模拟实践环境中帮助学生理解创业过程，切实提高创业就业技能，调动学生的创新意识，激发自身潜力。

本书适合作为高职高专院校创新创业实训课教材，也可作为各行各业创业者的辅导用书。

本书配有微课视频，读者通过扫描书中二维码即可观看视频。

本书配有电子课件，凡使用本书作为教材的教师可登录机械工业出版社教育服务网 www.cmpedu.com 下载。咨询电话：010-88379375。

图书在版编目（CIP）数据

创新创业实训教程/吴月红，李经山主编. —北京：机械工业出版社，2021.10（2024.1 重印）
高等职业教育创新创业系列教材
ISBN 978-7-111-69114-3

Ⅰ.①创… Ⅱ.①吴… ②李… Ⅲ.①大学生-创业-高等职业教育-教材 Ⅳ.①G715

中国版本图书馆 CIP 数据核字（2021）第 184978 号

机械工业出版社（北京市百万庄大街 22 号　邮政编码 100037）
策划编辑：杨晓昱　　责任编辑：杨晓昱
责任校对：陈美娟　　封面设计：马精明
责任印制：刘　媛
涿州市般润文化传播有限公司印刷

2024 年 1 月第 1 版第 5 次印刷
184mm×260mm・7.75 印张・166 千字
标准书号：ISBN 978-7-111-69114-3
定价：49.00 元

电话服务　　　　　　　　　网络服务
客服电话：010-88361066　　机　工　官　网：www.cmpbook.com
　　　　　010-88379833　　机　工　官　博：weibo.com/cmp1952
　　　　　010-68326294　　金　书　网：www.golden-book.com
封底无防伪标均为盗版　　　机工教育服务网：www.cmpedu.com

前 言

大学生是新时期创新创业实践的主力军,而如何将大学生培养成具有创新思维、创业精神和能力,具有责任感、使命感,能够为社会、人类创造价值的群体?如何将大学生培养成敢于积极应对新一轮科技革命和产业变革带来的新机遇和新挑战,服务创新型国家建设需要的群体?如何将大学生培养成勇于在各自专业和岗位上不断突破创新,具有开拓精神的群体?这就需要更新教育教学理念,探索创新创业教育新模式,通过具有针对性和实用性的实训课程,切实培养学生创新的意识和创业的能力,并使学生能够举一反三,融会贯通。

习近平总书记在 2018 年 9 月召开的全国教育大会上指出:"积极投身实施创新驱动发展战略,着重培养创新型、复合型、应用型人才。"在"双创时代"背景下,大学生是最具有创业活力和潜力的群体,如何开展大学生创新创业教育,培养大学生创新创业的意识和能力,是重要而紧迫的课题。

近几年来,高职院校积极开展大学生创新创业教育,举办各类大学生创新创业大赛,建设校园大学生创业孵化基地,在培养大学生创新精神和实践能力、推动创业带动就业、全面提高大学生就业质量等方面做了大量的工作。特别是在大学生创业理论、创业基础教育的体系设计与教材编写等方面,出现了很多形式多样、内容丰富的专著或教材,但这些专著和教材大多实用性不强,对于创新创业实训课程教学缺乏针对性和指导性。

本书是编写团队根据 8 年实践教学经验和项目培育成果总结提炼而成,旨在应用最贴近创业实际和创业过程的实训操作模式,让学生在模拟实践环境中学习并了解创业的过程,从而提高创业就业技能,充分调动创业者的自主意识、激发创业者的潜能。

本书为活页教材,内容突破传统教学模式,以任务驱动式教学方法进行编写,每个任务完成后附有评价表,还配有拓展知识和拓展练习。本书注重以学生为中心,引导学生在做中学、学中做,实用性强,让学生既能了解企业运作流程、岗位设置与要求,掌握基本工作技能,又能提升学习能力、创新能力、实践能力。

诚挚感谢创新创业教育专家殷建松和张静的精心指导,感谢全国教师教学能力大赛指导专家彭圣文担任本书主审并提出宝贵建议,感谢长沙航空职业技术学院朱国军副院长的大力支持,感谢长沙航空职业技术学院创新创业学院领导及同事的帮助。

由于作者水平有限,书本难免存在不足之处,恳请读者、同行、专家批评指正!

编 者

微课视频二维码清单

名称	二维码	名称	二维码
1. 团队组建		6. 法律形态（1）	
2. 挖掘创业点子		7. 你需要投多少资金	
3. 筛选创业项目构思		8. 法律形态（2）	
4. 制订市场营销计划和 STP 理论		9. 风险防范和企业愿景	
5. 设计商业模式			

目　录

前言
微课视频二维码清单

任务一　你组建团队了吗？

教学目标	001
下达任务	001
理论学习	001
知识点1　创新创业的概念	001
知识点2　创业者的特质	002
知识点3　团队组建	003
工作手册	006
会议纪要	007
随堂练习	008
考核与评价	009
拓展知识	010
拓展练习	011

任务二　你有了好的创业点子吗？

教学目标	013
下达任务	013
理论学习	013
知识点1　创意和创业机会	013
知识点2　挖掘创业点子的方法	014
工作手册	020
会议纪要	021
随堂练习	022
考核与评价	023
拓展知识	024
拓展练习	025

任务三　你分析市场了吗?

教学目标 …………………………………………………………………………… 027
下达任务 …………………………………………………………………………… 027
理论学习 …………………………………………………………………………… 027
  知识点1　筛选创业项目构思 …………………………………………… 027
  知识点2　制订市场营销计划 …………………………………………… 029
  知识点3　STP理论 ……………………………………………………… 032
工作手册 …………………………………………………………………………… 035
会议纪要 …………………………………………………………………………… 036
随堂练习 …………………………………………………………………………… 037
考核与评价 ………………………………………………………………………… 038
拓展知识 …………………………………………………………………………… 039
拓展练习 …………………………………………………………………………… 040

任务四　你设计商业模式了吗?

教学目标 …………………………………………………………………………… 041
下达任务 …………………………………………………………………………… 041
理论学习 …………………………………………………………………………… 041
  知识点1　商业模式 ……………………………………………………… 041
  知识点2　盈利模式 ……………………………………………………… 043
工作手册 …………………………………………………………………………… 046
会议纪要 …………………………………………………………………………… 047
随堂练习 …………………………………………………………………………… 048
考核与评价 ………………………………………………………………………… 049
拓展知识 …………………………………………………………………………… 050
拓展练习 …………………………………………………………………………… 051

任务五　你选择好组织结构和法律形态了吗?

教学目标 …………………………………………………………………………… 053
下达任务 …………………………………………………………………………… 053
理论学习 …………………………………………………………………………… 053

| 知识点 1　企业组织结构 | 053 |
| 知识点 2　法律形态 | 057 |

工作手册 …………………………………………………………… 063
会议纪要 …………………………………………………………… 064
随堂练习 …………………………………………………………… 065
考核与评价 ………………………………………………………… 066
拓展知识 …………………………………………………………… 067
拓展练习 …………………………………………………………… 069

任务六　你准备投入多少资金？

教学目标 …………………………………………………………… 070
下达任务 …………………………………………………………… 070
理论学习 …………………………………………………………… 070
　　知识点 1　启动资金 …………………………………………… 070
　　知识点 2　制订利润计划 ……………………………………… 072
　　知识点 3　资金规划 …………………………………………… 074
工作手册 …………………………………………………………… 081
会议纪要 …………………………………………………………… 082
随堂练习 …………………………………………………………… 083
考核与评价 ………………………………………………………… 084
拓展知识 …………………………………………………………… 085
拓展练习 …………………………………………………………… 087

任务七　你防范风险了吗？

教学目标 …………………………………………………………… 088
下达任务 …………………………………………………………… 088
理论学习 …………………………………………………………… 088
　　知识点 1　创业风险 …………………………………………… 088
　　知识点 2　企业愿景 …………………………………………… 090
工作手册 …………………………………………………………… 091
会议纪要 …………………………………………………………… 092
随堂练习 …………………………………………………………… 093

考核与评价 ··· 094
拓展知识 ··· 095
拓展练习 ··· 096

任务八　你进行工商注册了吗?

教学目标 ··· 098
下达任务 ··· 098
理论学习 ··· 098
　　知识点1　创业计划书 ··· 098
　　知识点2　工商登记注册 ··· 100
工作手册 ··· 106
会议纪要 ··· 107
随堂练习 ··· 108
考核与评价 ··· 109
拓展知识 ··· 110
拓展练习 ··· 111

参考文献 ··· 113

任务一
你组建团队了吗？

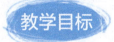

能力目标
能运用组建团队的基本方法组建创业团队。

知识目标
（1）了解创新创业以及创业者应该具备的基本素质。
（2）了解创业团队的重要性。
（3）掌握创业者应具备的素质。
（4）掌握组建团队的基本方法。

素质目标
形成对创业者的理性认识，培养团队合作精神。

阅读任务，在工作手册中完成任务。

常益，21岁，是电子学院的一名学生，专业技术不错，总想创业，但不知道该干什么，他没有创业的经历，该从哪些方面了解创业呢？创业者需要具备什么样的素质呢？又如何组建团队呢？

理论学习

知识点 1　创新创业的概念

1. 创新

创新，起源于拉丁语，即"更新、创造新的东西与改变"。习近平总书记在2012年

12月15日的中央经济工作会议上的讲话中指出,"创新的实质效果是优胜劣汰、破旧立新,我们要着力构建以企业为主体、市场为导向、产学研相结合的技术创新体系,注重发挥企业家才能,加快科技创新,加强产品创新、品牌创新、产业组织创新、商业模式创新,提升有效供给,创造有效需求。"创新理论之父、哈佛大学经济学教授熊彼特提出,所谓"创新"就是"建立一种新的生产函数",也就是说,把一种从来没有过的关于生产要素和生产条件的"新组合"引入生产体系。熊彼特所说的"创新",包括以下5种情况:①引进新产品;②引用新技术,即新的生产方法;③开辟新市场;④控制原材料的新供应来源;⑤实现企业的新组织。

2. 创业

创业在不同人眼中有不同的理解,狭义的创业就是创建一家新的企业,英文中常用"startup";广义的创业是开创新的事业,创业不仅仅是注册一家公司、运用某个商业模式赚钱,而是开拓新的疆域、开创新的事业、创造新的价值。被誉为"创业教育之父"的杰弗里·蒂蒙斯(Jeffry Timmons)曾说过,创业"不仅仅意味着创办新企业、筹集资金和提供就业机会,也不只等同于创新、创造和突破,而且还意味着孕育人类的创新精神和改善人类的生活。"无论是注册一家新公司还是建立一个非营利组织,无论是自己投资还是通过他人融资,无论是独立运作一个项目还是在已有公司开始一个新项目,无论是研发一项新技术还是做一个新文化创意产品,这些都属于创业。哈佛大学霍华德·史蒂文森(Howard Stevenson)教授对创业的定义是:创业是不拘泥于当前资源条件的限制下对机会的追寻,组合不同的资源以利用和开发机会并创造价值的过程。从目的看,创业分为生存性创业和机会型创业;从形式上分为个体创业和公司创业;从创业初始条件上分为冒险性创业、与风险投资融合的创业、大公司的内部创业和革命性创业;从效果上分为复制型创业、模仿型创业、安家型创业和冒险型创业。

知识点 2 创业者的特质

企业经营的成败取决于创业者自己,成功的创业者需要具备经营企业的素质和能力。

(1)强烈的欲望 "欲",实际就是一种生活目标,一种人生理想。创业者的欲望与普通人欲望的不同之处在于,他们的欲望往往需要打破他们现在的立足点,打破眼前的樊笼,才能够实现。欲望是创业的最大推动力。

(2)超乎想象的忍耐力 创业的路上,你无法想象将付出怎样的代价,付出怎样的努力,忍受多少别人无法忍受的憋闷痛苦,这些都需要超强的忍耐力。

(3)开阔的眼界 对于创业者来说,必须具备广博的见识、开阔的眼界,才能有效地拉近自己与成功的距离,少走弯路。

(4)善于把握趋势又通人情事理 创业是一个在夹缝里求生存的活动,尤其处于社会转型时期,各项制度、法律环境都不十分健全,创业时只有先顺应社会,才能避免在人事关节上出问题。创业一定要明势。

(5)商业敏感性　创业者的敏感是对外界变化的敏感,尤其是对商业机会的快速反应。良好的商业感觉是创业者成功的最好保证。

(6)拓展人脉　创业不是引"无源之水",栽"无本之木"。每一个人创业,都必然有其凭依的条件,也就是其拥有的资源。创业者资源可分为外部资源和内部资源,外部资源最重要的一点是有人脉资源,即创业者需具备构建其人际网络或社会网络的能力。创业者人脉资源按重要性来看一是同学资源、二是专业资源、三是朋友资源。内部资源主要是创业者个人的能力,包括其所占有的生产资料及知识技能、家族资源等。

(7)谋略　创业者的智谋在很大程度上决定其创业成败。尤其是在目前产品日益同质化,市场有限,竞争激烈的情况下,创业者不但要能够守正,更要出奇。

(8)胆量　创业本身就是一项冒险活动,需要强大的心理承受能力。

(9)与他人分享的愿望　作为创业者,一定要懂得与他人分享。一个不懂得与他人分享的创业者,不可能将事业做大。

(10)自我反省的能力　反省其实是一种学习能力。创业既然是一个不断摸索的过程,创业者就难免在此过程中不断地犯错误。反省,正是认识错误、改正错误的前提。成功的创业者有一个共同之处,就是都善于学习,勇于进行自我反省。

创业需要的是综合素质,其中的大多数素质可以通过后天的努力改善。

知识点 3　团队组建

创业团队关键要素有 5 个:定位、权限、目标、计划、人员。这 5 个要素的英文单词首字母都是 P,因此,也被称作创业团队的 5P 模型或 5P 要素(见图 1-1)。

图 1-1　创业团队的 5P 要素

一个优质的创业团队,其核心成员要与创业的能力需求具有较高的匹配度,成员之间要有互补性,每个人要分工明确,能够独当一面,要能够整合全局、通盘考虑。从成员的角色分工来看,成功团队中有 9 种角色。被誉为"团队角色理论之父"的英国管理专家梅雷迪思·贝尔宾（Meredith R·Belbin）在分析成功团队时发现，一个结构合理的团队应该由9种不同的角色组成。依据成员所表现出来的行为和个性特征来划分，这9种角色分别是完成者、执行者、塑造者、协调者、资源调查者、协作者、创新者、专家、监控评估者，他们分别负责行动导向（执行团队任务）、人际导向（协调内外部人际关系）、谋略导向（提出创意）三类任务。

领军人物好比是阿拉伯数字中的1，有了这个1，带上一个0，它就是10，两个0就是100，三个0是1000。

——联想创始人柳传志

 应用模板

请填写团队成员分工及岗位职责表（见表1–1）。

表1–1　团队成员分工及岗位职责表

序号	成员姓名	概况描述
1		①岗位名称及职责 ②能力特长 ③实践经历
2		①岗位名称及职责 ②能力特长 ③实践经历

(续)

序号	成员姓名	概况描述
3		①岗位名称及职责 ②能力特长 ③实践经历
4		①岗位名称及职责 ②能力特长 ③实践经历
5		①岗位名称及职责 ②能力特长 ③实践经历
6		①岗位名称及职责 ②能力特长 ③实践经历

工作手册

任务名称	你组建团队了吗？	
团队		
任务实施关键点		

序号	实施步骤	实施策略
1	推选最强总经理	
2	总经理选聘各部部长	
3	商定团队名称、行动宣言及团队标识	
4	做好会议记录	
5	在工作手册上实施练习	
6	各团队成员分工进行展示	

工作小结

会议纪要

会议主题：		会议时间：	
参会人：		主持人：	

会议内容：

会议结论：

签　名：

随堂练习

1. 创业者的基本素质:

2. 创业者应该具备的能力:

3. 你最喜欢的创业者:

    主要理由:

4. 团队组建的原则:

考核与评价

✎ 任务名称：你组建团队了吗？

姓名		班级		得分	
自我评价 （30分）	自我反思（总结本次任务的完成情况，掌握了哪些知识和技能，锻炼了哪些能力，收获了什么，自己的不足之处以及怎么提升等）				
同学评价 （30分）	团队互评（主要指在团队中的表现情况）				
教师评价 （40分）					
总分 （100分）					

1. 企业

企业是依法设立的,以赢利为目的,从事商品生产和交换或提供服务活动的经济组织。

从动态角度看,一方面,企业是一个人或一个群体,以赢利为目的进行商品生产、交换或提供服务活动;另一方面,企业既要从供应商(市场)处采购商品(产品或服务),又要向顾客(市场)出售其商品(产品或服务),并实行自主经营,自负盈亏,独立核算。同时,企业还要不断与供应商和顾客进行信息沟通,以采购到更符合顾客需求的商品(产品或服务)。企业在经营循环过程中形成了以下三股流(见图1-2)。

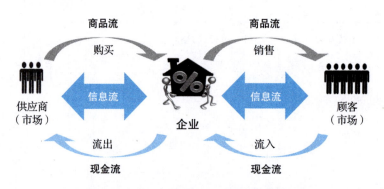

图1-2 企业经营循环过程形成的三股流

(1)商品流 指从市场购买商品(设备、原材料、成品等),并向市场销售商品(产品或服务)的商品活动流。

(2)现金流 指资金流出(购买原材料、支付工资、其他费用等)和资金流入(销售商品或提供服务的收入等)的资金活动流。

(3)信息流 指企业与顾客、供应商之间信息多向传递及反馈所形成的信息活动流。

2. 提升创业能力

很多创业成功的人,初次创业时并不具备创业需要的所有素质和能力,但素质可以培养,技术可以学习,能力可以提高,条件可以改善。因此,创业者应当想办法克服自己的弱点,将其转变为优点。

如果技能是弱项,请参加技能培训,找到有技能的合作伙伴。

如果企业管理是弱项,请参加相关主题的短期培训,或阅读学习。

如果行业知识是弱项,请咨询有经验的合作伙伴或者行业相关人士。

练习 1　你具备创业者的基本特征吗？

填表说明：请阅读表1-2中的创业者具备的素质和能力，然后再进行评估。最后数一数你有多少优点和多少弱点。(在括号中画"√"，再统计数量)

表1-2　创业者的基本特征评估表

创业者具备的素质和能力	自我评估		同学或老师的评估意见	
	优点	弱点	优点	弱点
承诺：要想创业成功，你要对事业有所承诺，要全身心地投入，有坚持经营的打算	(　)	(　)	(　)	(　)
欲望：如果你真心想做一名成功的创业者，那么你就成功了一半	(　)	(　)	(　)	(　)
风险：创业者必须具有冒险精神，必须敢于承担创业过程中出现的合理、难以避免的风险	(　)	(　)	(　)	(　)
健康：创业是一项十分艰难的工作，创业者要具备良好的身体素质	(　)	(　)	(　)	(　)
诚信：如果创业者做事不重信誉，对顾客、团队成员不诚信，将有损信誉，对创业产生负面影响	(　)	(　)	(　)	(　)
决策：在创业过程中必须做出许多决策，要有果断决策的魄力和勇气	(　)	(　)	(　)	(　)
技能：在创业过程中需要生产产品或提供服务所需要的专项技能	(　)	(　)	(　)	(　)
敏锐的商业嗅觉：创业者对商业机会要做出快速反应	(　)	(　)	(　)	(　)
拓展资源：创业者要有建立和拓展资源的能力	(　)	(　)	(　)	(　)
经营能力：创业者需要的综合能力，比如创业过程中的成本核算能力、人员管理能力等	(　)	(　)	(　)	(　)
自我反省的能力：创业者要勇于自我反省，创业过程难免不断犯错，创业者应及时改正所犯的错误，不断学习新的东西	(　)	(　)	(　)	(　)

练习 2　增强创业能力的计划

填写说明： 请在表1-3左边一栏列出你认为自己在创业素质和能力方面的弱点，在右边一栏说明你克服这些弱点的计划。请根据自己实际情况填写。

表1-3　增强你的创业能力计划表

序号	弱点	计划
1		
2		
3		
4		
5		
6		

任务二
你有了好的创业点子吗？

能力目标
能运用所学知识进行创业机会的识别和分析。

知识目标
（1）了解创业机会的识别方法。
（2）掌握挖掘创业点子的方法。

素质目标
学会识别创业机会，解决实际问题。

阅读任务，在工作手册中完成任务。
常益组建了一支创业团队，但不知道应该从哪里着手，怎么才能找到好的创业点子。

理论学习

知识点 1　创意和创业机会

1. 创意

创意是创造意识或创新意识的简称。创意是一种通过创新思维意识，进一步挖掘和激活资源的组合方式进而提升资源价值的方法。创意是打破常规的哲学，是思维的碰撞和智慧的对接，是具有新颖性和创造性的想法。

2. 创业机会

创业从想法到行动往往是由于一个契机，这就是创业机会。发现和识别适合自己能力与资源的创业机会是成功的关键。创业机会是具有商业价值的创意，来自于一定的市场需求和变化，表现为特定的组合关系。在充满变化的当今社会，创业机会比以往任何时候都多，我们可以用 PEST 分析模型来发现创业机会。所谓 PEST 模型，即 Political（政治因素）、Economic（经济因素）、Social（社会因素）和 Technological（技术因素）。

基于创业机会的特点，创业机会可以分为需求导向型、资源导向型和竞争导向型 3 个类型。

知识点 2　挖掘创业点子的方法

一个好的创业点子必须包括两个方面：以客户需求为出发点；具备满足客户需求的资源。

在挖掘创业点子时，要尽量拓宽思路。点子越多越好，把能够想到的所有点子列出清单以供选择。可以通过以下方法来挖掘点子。

1. 头脑风暴法

头脑风暴法是一种极为有效的开启创新思维的方法。它是指一个人（或小组）围绕一种特定的兴趣或产品进行创新或改善，产生新点子，提出新办法。常用的头脑风暴法有一般头脑风暴法和结构性头脑风暴法。

（1）一般头脑风暴法　指从一个词语或一个题目开始，将浮现在脑海中的所有想法写下来，可以一直写下去，能写多少就写多少。即使某些想法乍看上去似乎毫不相干或者不切实际。一个好的创业点子构思往往源于异想天开。

与团队成员一起使用头脑风暴法的效果最好，很多大企业利用这种方法激发有关新产品的想法。

例如，在本任务中，常益团队一起用头脑风暴法寻找项目，他们从"电子"这个词开始，起初有关"电子"的项目构思产生得很慢，但很快他们就发现了许多可能性，如灯、广告、通信、智能居家、电动玩具等。

（2）结构性头脑风暴法　指从一种特定的产品开始，然后从制造线、销售线、服务线和副产品线四个方面想出尽可能多的相关创业点子。

制造线：与该产品制造相关的创业点子。

销售线：与该产品销售相关的创业点子。

服务线：与该产品服务相关的创业点子。

副产品线：与该产品的副产品间接相关的创业点子。

2. 调查准备创业的地区的企业情况

实地调查准备创业的地区的企业情况，了解这些地区有哪些类型的企业，在市场中能否找到生存空间。

3. 调查准备创业的地区的环境

分析准备创业的地区的所有资源和机构，有益于获得好的创业构思。例如，可以考虑去调查准备创业的地区的自然资源、机构、工业、媒体、商品展销会等。

比如，调查自然资源，可以调查准备创业的地区具有哪些丰富的自然资源，分析这些自然资源可以用来制造哪些有用的产品，而制造产品的过程又不会破坏环境。

再比如，调查机构，可以调查准备创业的地区有没有学校、医院或政府机构？哪些服务可以为这些机构提供方便？这些机构可能有诸如维修之类的需求，也可能还需要文具、家具、食品或纸张等物资。

4. 利用各种问题挖掘并记录创业点子

可以通过以下3个方面来收集问题。

（1）你自己遇到过的问题　想一想，你在当地买东西和接受服务时碰到过什么问题，生活中有什么样的烦恼。

（2）其他人遇到过的问题　通过倾听其他人的抱怨，了解他们的需求和遇到的问题。

（3）准备创业的地区缺少什么　调查当地人需要什么产品。

5. 利用互联网挖掘并记录创业点子

在B2B（商家对商家）、B2C（商家对个人）、C2C（个人对个人）、C2B（个人对商家或定制）、ABC（代理商、商家、消费者互为转化）等相关网站上可以了解到很多企业对各种产品或服务的求购信息，从中发现市场需求。

还可以利用各类即时通信软件和网络交流平台收集信息。在这些软件和平台里，有数量极其庞大的人群每天都在发布和传递各种需求和供应方面的资讯，这些资讯也许可以帮助你挖掘创业点子。

创业名言

寻找机会，抓住机会，是后进者的名言。创造机会，引导消费，是先驱者的座右铭。

——任正非

应用模板

1. 一般头脑风暴法

第一步,从任意一个词语开始,如你的"专业"等,记下浮现在脑海中的所有创业点子,一直记下去,直到没有想法为止。

第二步,现在返回去,看一看刚才写下的有关创业点子的词语,想一想,其中哪些创业点子是自己喜欢并可以去做的,用"*"将这些词语标记出来。

第三步,若仍没有发现自己喜欢的创业点子,可以任意挑选一个词语,并在纸上写下与该词语有关的所有产品。

2. 结构性头脑风暴法

选择一种自己了解的产品,可以是你接触或者有兴趣的产品,也可以是考虑好的关于自己即将经营的一种产品,或是你与准备创业的地区其他企业主交谈时了解到的一种产品,使用如图 2-1 所示的图形,在中间的方框里写出选择的产品,然后按制造线、销售线、服务线和副产品线进行分类,从中挖掘创业点子。

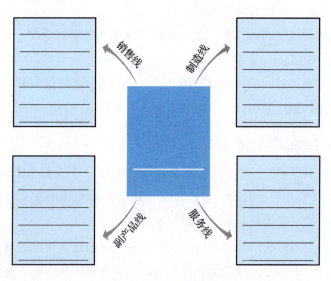

图 2-1 结构性头脑风暴法

3. 调查准备创业的地区的企业情况

针对准备创业的地区,按照以下步骤收集、分析现有企业的信息,从而挖掘出潜在创业项目的信息。

第一步,在准备创业的地区进行调查,记录下不同类型的企业,统计每种类型的企业有多少家。例如,统计学校、复印店、酒店等的数量,将结果填入表 2-1 中。

表 2-1 准备创业的地区的现有企业一览表

贸易企业	制造企业	服务企业	农、林、牧、渔企业

第二步，研究表 2-1，找出以下问题的答案。

哪些企业多？哪些企业少？为什么会出现这样的情况？

_____
_____
_____
_____

关于准备创业地区居民的消费方式和当地市场情况，你能够从表 2-1 中获得什么信息？至少写出 5 个对当地市场情况的评价。

_____
_____
_____
_____

第三步，潜在创业项目还有发展的余地吗？还有创业机会吗？将结果填入表 2-2。

表 2-2 准备创业的地区的潜在企业一览表

贸易企业	制造企业	服务企业	农、林、牧、渔企业

第四步，把表 2-2 放在一旁，第二天再来看看这张表，也可以请朋友或家人一起集思广益，分析一下你创业的地区的居民还有哪些需求？

4. 调查准备创业的地区的环境（见表 2-3）

表 2-3　准备创业的地区的环境调查表

环境	创业点子
1. 自然资源	
2. 机构	

5. 利用各种问题挖掘并记录创业点子（见表 2-4）

表 2-4　利用各种问题挖掘创业点子记录表

问题	创业点子
1. 你自己遇到过的问题	
2. 其他人遇到过的问题	
3. 你准备创业的地区缺少什么	

6. 利用互联网挖掘并记录创业点子（见表2-5）

表2-5 利用互联网挖掘创业点子记录表

获取到的有价值的信息	创业点子
1. 网站/通信软件/交流平台： ① 需求方面的信息： ② 供应方面的信息：	
2. 网站/通信软件/交流平台： ① 需求方面的信息： ② 供应方面的信息：	

工作手册

任务名称	你有了好的创业点子吗？	
团队		
任务实施关键点		
序号	实施步骤	实施策略
1	创业团队对周边进行实地调查	
2	采用前文介绍的5种方法挖掘创业点子	
3	选择创业点子，写下理由	
4	做好会议记录	
5	在工作手册上实施练习	
6	各团队成员分工进行展示	

工作小结

会议纪要

会议主题：		会议时间：	
参会人：		主持人：	
会议内容：			
会议结论：			
签 名：			

随堂练习

一、选择题（可多选）

1. 创业机会在哪里？（　　）
   A. 一切变化之中　　B. 政治体制变革　　C. 有抱怨的地方　　D. 前3项都是
2. 创业机会是具有（　　）的创意，是一种特殊的商业机会。
   A. 实用价值　　B. 商业价值　　C. 社会价值　　D. 使用价值
3. 基于创业机会的特点，创业机会的类型分为（　　）。
   A. 需求导向型　　B. 竞争导向型　　C. 资源导向型　　D. 价值创造型
4. 用来发现创业机会的PEST分析模型包含（　　）。
   A. 政治因素　　B. 社会因素　　C. 经济因素　　D. 技术因素
5. 挖掘创业点子的方法有（　　）。
   A. 头脑风暴法
   B. 利用各种问题挖掘并记录创业点子
   C. 利用互联网挖掘并记录创业点子
   D. 调查准备创业的地区的环境和企业情况

二、问答题

请仔细思考，近期你是否有特别想做的事情，一是这件事情对自己具有挑战性，也能给别人甚至社会带来好处；二是很重要，但又不是很紧迫。如果有的话，请写下来。将这些事情在组内进行分享，找出大家共同感兴趣或共同认可的话题，进一步思考解决方案或具有创新性的做法。

1. 你最近特别想做的事情：

2. 小组成员最近特别想做的事情：

3. 你们共同感兴趣的话题：

4. 对于该话题，你们小组的解决方案或者具有创新性的做法是什么？

考核与评价

✎ **任务名称：你有了好的创业点子吗？**

姓名		班级		得分
自我评价 （30分）	自我反思（总结本次任务的完成情况，掌握了哪些知识和技能、锻炼了哪些能力，收获了什么，自己的不足之处以及怎么提升等）			
同学评价 （30分）	团队互评（主要指在团队中的表现情况）			
教师评价 （40分）				
总分 （100分）				

拓展知识

1. 企业类型

企业有很多类型，企业的分类方式也有很多种，可以按产业分类，可以按企业所属行业分类，可以按企业规模分类，也可以按企业生产经营特征分类。如果按生产经营特征分类，企业可以分为以下四种类型。

（1）贸易企业　从事商品的买卖活动，从制造商或批发商处购买商品，再把商品卖给顾客或其他企业。所有把商品卖给最终消费者的企业都是零售商，而批发商则是从制造商处购买商品，然后再卖给零售商。

（2）服务企业　提供某项特定服务或多项服务的企业。

（3）制造企业　使用原材料生产制造实物产品的企业。

（4）农、林、牧、渔企业　利用土地或水域资源进行生产的企业。

2. 企业成功的要素

要想使企业成功，必须对企业的每个方面都进行分析，以求你所提供的产品或服务在每个方面都是最好的。不同类型的企业有不同的特点，需要考虑以下几个重要因素（见表2-6）。

表2-6　企业成功的要素

贸易企业：	服务企业：
地段好	服务及时
外观设计好	服务质量好
销售方法好	地点合适
商品选择面宽	顾客满意
商品价格合理	对顾客诚信
库存可靠	服务收费合理
物流畅通、高效	售后服务可靠
制造企业：	农、林、牧、渔企业：
生产组织有效	保护并有效利用土地和水源
布局合理	出售新鲜产品
原料供应充足	做好卫生防疫工作
生产效率高	保证品种优良
产品质量好、废品率低	高效运输产品
浪费现象少	
保护环境	
库存合理、物流高效	

在了解企业的四种类型后，需要针对不同类型企业的特点，结合自身的喜好、特长和资源进行分析。

（1）贸易企业　要善于与人沟通，了解贸易规则，掌握灵活的销售技巧，以及有效采购、合理安排等管理技能。

（2）制造企业　要具有较丰富的相关行业经验，而且要有一定的创新和研发新产品的能力，有较强的生产管理经验和技术。

（3）服务企业　要性格开朗，有耐心，讲诚信，能与各种人打交道，能够妥善处理各种矛盾等棘手问题。

（4）农、林、牧、渔企业　要有健康的身体，掌握较强的专业技术，能很好地与当地政府、居民、科研机构合作。

练习　在表 2-7 中选择你的创业项目的类型，并说明。

表 2-7　创业项目类型选择记录表

创业项目类型	选择的原因
贸易企业：	① ② ③
服务企业：	① ② ③

（续）

创业项目类型	选择的原因
制造企业：	① ② ③
农、林、牧、渔企业：	① ② ③

任务三
你分析市场了吗?

教学目标

◉ **能力目标**

能运用所学知识筛选你的创业项目构思并制订营销计划。

◉ **知识目标**

(1) 了解目标顾客。
(2) 掌握筛选创业项目构思的方法。
(3) 掌握制订营销计划的方法。

◉ **素质目标**

形成基于市场和客户的思维模式,做一个知法懂法的公民。

下达任务

阅读任务,在工作手册中完成任务。

通过任务二的学习,常益从他们团队的专业入手,找到了许多创业点子,如电子产品维修、简易电子锁(解决同学忘记带钥匙的烦恼)、广告屏的设计、节能灯等,但不知道如何做出选择,也不知道该如何制订市场营销计划。

理论学习

知识点 1　筛选创业项目构思

1. 创业项目构思的 4 个方面

(1) 顾客

顾客是谁?

顾客数量足够多吗？

顾客有能力购买这款产品或服务吗？

顾客愿意购买产品或服务吗？

（2）竞争对手

你准备创业的地区同类企业是否有与你类似的创业项目？

如果有其他类似的企业，你如何才能在与他人的竞争中获得成功？

（3）资源和需求

你如何保证提供的产品和服务能够满足顾客需求？

从哪里获得资源来开始创业？

从哪里得到创业项目的建议和信息？

创业项目需要设备、厂房或员工吗？

是否能筹集到满足这些需求的资金？

（4）技能、知识和经验

你对创业项目的产品或服务了解多少？

有哪些技能、知识和经验能够帮助你经营创业项目？

你的个性和能力如何才能适应创业项目的经营？

2. 分析创业项目构思

分析你的创业项目构思有以下3种方法。

（1）实地调研　通过实地调研，与顾客、供应商和企业界人士进行交谈，能够收集一些十分有用的信息，了解影响创业项目的构思因素。

（2）SWOT分析　SWOT由Strength（优势）、Weakness（劣势）、Opportunity（机会）、Threat（威胁）四个英文单词的第一个字母组合而成。SWOT分析是用来分析评估企业自身的优势、劣势和外在的机会、威胁，从而将企业内部资源和外部环境有机结合起来的一种分析方法。优势和劣势是存在于企业内部的可以改变的因素，机会和威胁是存在于企业外部无法施加影响的因素。

- 优势指企业内部对创业项目有利的因素。
- 劣势指企业内部对创业项目不利的因素。
- 机会指周边存在的对创业项目有利的因素。
- 威胁指周边存在的对创业项目不利的因素。

做完SWOT分析之后，需做出以下决定。

1）坚持创业项目构思并进行全面的可行性研究。

2）修改原来的创业项目构思。

3）完全放弃这个创业项目构思。

（3）环境影响评估　企业的发展与环境息息相关。环境由物质（水、空气和土壤）、生物（如植物和动物）以及社会其他要素构成。企业生产要消耗原材料和从环境中获取的其他资源，将这些资源转变为产品的过程也会对环境产生影响，最后还要在环境中与顾客进行商品（产品或服务）交易。图3-1表明了企业对环境产生的影响。

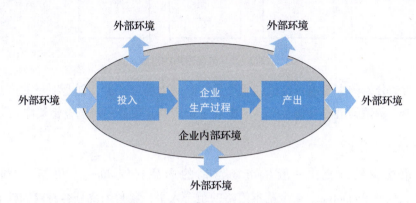

图3-1　企业对环境产生的影响

图3-1中将企业内部环境和外部环境区分开来：

- 企业内部环境指企业自身的生产经营环境。
- 企业外部环境指与企业相关的所有其他物质、生物和社会要素。

为了保证创业项目能够长期生存和可持续发展，必须将对环境产生的负面影响降到最低程度。下面所建议的环境影响评估方法很简单，可以帮助我们快速筛选创业项目构思。

1）检查创业项目是否在国家环保部门审批的企业经营范围内。

2）具体说明创业项目可能造成的污染，如水污染、固体垃圾污染、空气污染、噪声污染、电磁波污染等。

3）是否有对创业项目采取的相关治理措施。

4）检查创业项目将造成的污染是否在国家规定的参数范围内。

知识点 2　制订市场营销计划

1. 市场营销

市场营销是指管理可获利的顾客关系。市场营销的双重目标是通过承诺提供卓越的价值来吸引新顾客，以及通过提升顾客的满意度来留住和发展现有的顾客。"现代营销学之父"菲利普·科特勒认为市场营销是个人和群体通过创造并同他人交换产品和价值以满足需求和欲望的一种社会和管理过程，如图3-2所示。

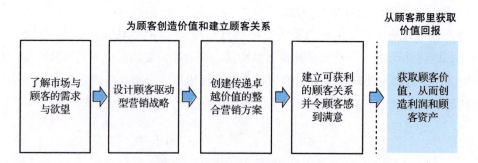

图 3-2　市场营销的过程

市场营销分析的主要内容包括创业项目的产品市场总容量、创业项目的产品市场占有率、消费者与营销渠道的分析、产品的市场定价策略、项目的市场营销策略。

2. 市场营销计划

制订市场营销计划，一般从市场营销的产品（Product）、价格（Price）、地点（Place）、促销（Promotion）4个基本策略的组合入手，紧紧围绕顾客需求的核心，从以下几个方面考虑。

- 向顾客提供他们需要的产品或服务。
- 制定顾客愿意支付的价格。
- 为顾客提供便于购买产品或服务的场所。
- 为顾客传递有关产品或服务的信息，吸引他们购买。

这4个方面通常被称为"市场营销组合策略"，简称"4P组合"。

（1）产品　指计划向顾客销售的东西，包括产品的类型、质量、颜色、规格、服务内容与方式等。具体来说，一个完整产品的属性一般包括核心产品、形式产品、附加产品3个层次，如图3-3所示。

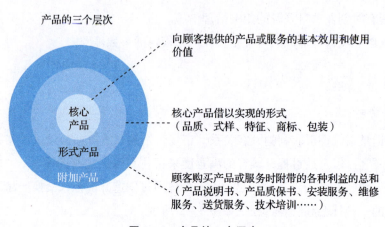

图 3-3　产品的3个层次

企业经营者应该认识到,一种产品的生命是有限的,一般会经历新产品投放、市场逐渐成熟、市场慢慢衰退等阶段,选择或开发新的替代品是企业经营中要预先计划的工作。

(2)价格 指单位货物或服务的价值,其水平由市场供需关系决定。价格一般指进行交易时,买方所需要付出的代价或款项。但实际上价格还会受其他因素的影响,如产品打折和赊销等。在制定产品价格时,必须了解以下几点。

1)产品的成本。
2)顾客愿意出多少钱购买。
3)竞争对手同类产品的价格。

定价的步骤如图3-4所示。

图3-4 定价的步骤

(3)地点 指创业项目设在什么地方。如果计划开办一家零售店或一家服务企业,地点非常重要,应设在离消费者较近的地方,便于消费者光顾店铺。最重要的是创业项目获得生产所需的原材料是否便捷。选址时还需要考虑产品的分销方式和运输方式,必须让顾客方便得到产品或服务。选址步骤和选址参考如下:

选址步骤

- 地区分析
- 商业区、购物区分析

  (中心区、副中心区、商业小区、购物中心内部、独立店面……)

- 具体位置分析

  (内外交通、派生客流、竞争铺面、地形特点、城市规划、回报率……)

选址参考

- 居民区

  (洗衣店、餐馆、便利店、维修店、药店、美容美发店……)

- 车站、码头等人口集散地

  (旅馆、土特产店、饮食店、书报亭、箱包店……)

- 学校周围

  (文具店、书店、摄影店……)
- 闹市区

  (服装店、家电产品店、玩具店……)

(4) 促销　指把产品或服务的信息传递给顾客，吸引他们购买产品或服务的活动。促销通常有以下 4 种方式。

1) 广告：广告是向顾客提供产品或服务的信息，让他们有兴趣购买产品或服务，可以通过报纸、杂志、广播电视等做广告。招贴画、宣传册、价格表和名片，以及论坛、微信、QQ 等网络媒体也是为产品或服务做广告的途径。

2) 人员推销：销售人员与顾客交谈，说服顾客购买产品或服务，以达到促进和扩大销售的目的。

3) 营业推广：通过促销、展示、活动吸引顾客，也可以用买一赠一等方式来刺激顾客的购买欲。

4) 公共关系：指某一组织为改善与社会公众的关系，促进公众对组织的认识、理解及支持，达到树立良好组织形象、促进商品销售的目的而进行的一系列公共活动。在市场营销学体系中，公共关系是企业机构唯一一项用来建立公众信任度的工具。

知识点 3　STP 理论

STP 理论包括市场细分、目标市场、市场定位，指通过市场细分选择目标客户，进而确定目标市场，最后进行市场定位。

S 指市场细分，可根据地理、人口、心理、行为等标准进行细分（见表 3-1）。

T 指目标市场选择，即根据市场细分的结果选择将要进入的细分市场。

P 指市场定位，确定采用什么产品或服务以及在目标市场上的竞争地位。

表 3-1　消费者市场的主要细分变量

细分变量	例子
地理细分	根据国家、地区、城市等（地形地貌、气候、交通状况、人口密度等），划分成不同的地理区域
人口细分	根据年龄、家庭规模、性别、收入、职业、教育、宗教、种族等，划分为多个群体
心理细分	根据社会阶层、生活方式、个性特征等，划分成不同的群体
行为细分	根据消费者对产品的认识、态度、使用情况、追求利益等（购买时间，使用者状况，购买数量，对服务、价格、渠道、广告的敏感程度等），划分成不同的群体

创业名言

> 只有创造顾客，才能成就企业。
>
> ——管理大师彼得·德鲁克

应用模板

1. 筛选创业项目构思：实地调研法（见表 3-2）

表 3-2　实地调研法分析表

调查对象	调查内容（问题）	注意事项	准备工作
顾客	你在哪里购买过这种产品或服务 你为什么从那里购买 你多长时间买一次？什么价格？服务质量如何 你觉得有什么需要改进的地方吗（样式、包装等）	展示产品或服务的样本或图片可能会有用 最好问一些能够引发人们思考的问题 询问价格时，最好给出一些具体的价格，请顾客选出他们认为最合理的价格	调查前准备一张问题清单 要问开放式问题，引导对方展开说明问题。比如，什么、为什么、如何、谁、哪里、何时等 不要担心问题过多或频繁提问 每次提问只问一个问题 重复对方的回答，确保你正确理解了他们所说的内容
竞争对手	有多少竞争对手提供这种产品或服务 人们对这种产品或服务的需求数量是不变还是不断变化的 你认为人们还需要什么产品或服务？其未来趋势如何	一般情况下，竞争对手不会轻易回答问题，你可以尝试到他们的企业进行体验 你可以去另一个地方与你的间接竞争对手交谈 实力雄厚的竞争对手掌握的信息比较完整	
批发商和供应商	供应有保障吗 容易拿到货吗？什么质量？什么价格的货 需要多大的库存量 对产品的包装和售后有什么要求 针对原材料批发商，购买一定数量的原材要付多少钱？原材料在库存、运输或使用方面有哪些特殊要求	行业批发商掌握的信息完整 对规模大的和规模小的供应商和批发商，都应该进行调研	
其他关键信息提供者	你认为市场的需求有多大？需求量的变化趋势是怎么样的 你认为促使顾客购买的因素是什么 你认为这个行业的发展趋势如何 人们对产品有哪些方面的需求？还需要什么	其他关键信息提供者可能是大公司的经理或采购人员、机构的行政人员、主要客户、政府部门人员、非政府组织人员、行业专家等	

2. 筛选创业项目构思：SWOT 分析（见表 3-3）

表 3-3　SWOT 分析表

优势 如：1. 擅长做什么 　　2. 企业有什么新技术 　　3. 能做什么别人做不到的 　　4. 和别人有什么不同	劣势 如：1. 缺乏什么技术 　　2. 别人的优势是什么 　　3. 不能满足何种顾客的需求
机会 如：1. 市场中有什么适合创业的机会 　　2. 可以提供什么新的技术/服务 　　3. 可以吸引什么样的新顾客 　　4. 怎样可以与众不同 　　5. 企业在未来 5~10 年的发展如何	威胁 如：1. 市场最近有什么改变 　　2. 竞争者最近在做什么 　　3. 是否赶不上顾客需求的改变 　　4. 政治环境的改变是否伤害到企业 　　5. 是否有什么事可能威胁到企业的生存

3. 制订市场营销计划：产品、价格、地点、促销（见表 3-4）

表 3-4　市场营销计划表

产品或服务	(1)	(2)	(3)	(4)	(5)
特征（如产品的质地、颜色、规格、包装、维修或服务的效率、质量等）					
竞争对手的平均价格					
产品成本价					
产品批发价					
产品零售价					
折扣					

企业将设在什么地方？
选择这个地点的原因：

促销方式	具体内容	成本预测（元）
广告		
人员推销		
营业推广		
公共关系		

工作手册

任务名称	你分析市场了吗？
团队	
任务实施关键点	

序号	实施步骤	实施策略
1	列出创业项目构思一览表	
2	筛选出3个创业项目构思，选出你认为最可行的一个创业项目构思，利用所学3种方法选取其中一种进行分析	
3	运用STP理论进行市场细分，选择目标客户	
4	运用4P组合制订市场营销计划	
5	做好会议记录	
6	在工作手册上实施练习	
7	各团队成员分工进行展示	

工作小结

会议纪要

会议主题:		会议时间:	
参会人:		主持人:	

会议内容:

会议结论:

签　名:

随堂练习

一、选择题（可多选）

1. 创业项目构思可以从（　　）方面着手。
   A. 顾客　　　　B. 资源和需求　　　C. 竞争对手　　　D. 技能、知识和经验
2. 分析创业项目构思的方法有（　　）。
   A. 实地调研　　B. 环境影响评估　　C. SWOT 分析　　D. 试销
3. SWOT 分析由（　　）个部分组成。
   A. 优势　　　　B. 劣势　　　　　　C. 机会　　　　　D. 威胁
4. STP 理论由（　　）组成。
   A. 市场细分　　B. 市场定位　　　　C. 目标市场选择　D. 市场分析
5. 企业的环境包括（　　）。
   A. 内部环境　　B. 生产环境　　　　C. 外部环境　　　D. 社会环境

二、分析题

请每个小组根据创业项目的筛选情况，选择一个最感兴趣的创业项目，并结合本地区的实际市场情况，在目标市场范围内进行调研，分析调研数据。

调研问题	结果
目标顾客的特征	
目标顾客的数量	
目标顾客的需求	
市场定位	
盈利模式	
销售渠道	
促销方式	
竞争对手情况	
其他	

市场调研分析报告：

考核与评价

 任务名称:你分析市场了吗?

姓名		班级		得分
自我评价 (30分)	自我反思(总结本次任务的完成情况,掌握了哪些知识和技能、锻炼了哪些能力,收获了什么,自己的不足之处以及怎么提升等)			
同学评价 (30分)	团队互评(主要指在团队中的表现情况)			
教师评价 (40分)				
总分 (100分)				

拓展知识

1. 产品生命周期

产品生命周期（Product Life Cycle），简称 PLC，是指产品从进入市场开始，经历成长、成熟，直到最终退出市场为止所经历的市场生命过程。一种产品进入市场后，它的销售量和利润都会随时间推移而改变，呈现一个由无到有，由少到多，再由多到少的过程，就如同人的生命一样，由诞生、成长到成熟，最终走向死亡，这就是产品的生命周期现象，它包括了导入期、成长期、成熟期、衰退期四个阶段。产品只有经过研究开发、试销进入市场，它的市场生命周期才算开始，产品退出市场，则标志着生命周期的结束。

研究产品生命周期的意义如下。

1) 掌握在产品生命周期各个阶段应采取的策略，以提高营收。

2) 清晰目前正在做的产品处于周期的哪个阶段，以便于采取相应的经营方法。

3) 明晰即将引进的产品正处于周期的哪个阶段，以便决定是否需要引进，如果引进的话，该采取什么样的经营方法。

4) 清楚在经营过程中什么时间引入新品最明智，一般情况下当一个产品已经处于快速增长时就该筹划引入下一个产品了。

2. 周期策略（见表 3-5）

表 3-5 产品生命周期策略

生命周期	表现形式	策略
导入期	知名度低、成本较高、销量缓慢	重点扶持、长期规划
成长期	客户认可、成本下降、销量猛增	集中优势、独立发展
成熟期	竞争加剧、利润渐小、销量平缓	压缩投资、扩展增值
衰退期	新品出现、利润更小、销量锐减	转移资源、细分重组

3. 产品组合

产品组合也称"产品的各色品种集合"，是指企业在一定时期内生产经营的各种产品的组合，是为了解决客户的某种需求同时增加销售额而采取的办法。

产品组合规划大概可以分为四个方向，其一用于举办活动，其二用于吸引客流，其三用于产生利润，其四用于树立形象。

产品组合主要考虑宽度、深度、关联度、长度四个变量。宽度是指有多少类产品，深度是指同类产品中有多少种产品，关联度是指各类产品之间应有的关联，长度是指所有类别产品中各种产品的总和。

产品组合的具体方法有三大类。

1）横向组合，同类产品中不同产品间的组合，如文具用品中笔记本和笔的组合销售。

2）纵向组合，同种商品中不同应用的产品间的组合，如笔中的铅笔与水彩笔的组合。

3）关联组合，不同类但有关联关系的产品组合，如茶杯与茶叶之间的组合，再如核桃夹子与核桃的组合。

练习 在草稿纸上列出所有产品或服务的名称，进行分类，然后在表3-6中写出各种可能的组合。

表3-6 产品策略表

产品策略	备注
横向：	
纵向：	
关联：	

任务四
你设计商业模式了吗？

教学目标

📍 **能力目标**

能运用商业模式设计的策略和技巧，设计创业项目的商业模式。

📍 **知识目标**

(1) 了解商业模式的概念。
(2) 理解商业模式设计的基本构成要素。
(3) 掌握商业模式设计的方法。

📍 **素质目标**

对商业模式有一个整体的、系统的认知，通过设计商业模式，强化创业意识。

下达任务

阅读任务，在工作手册中完成任务。

常益创业团队列出了创业项目清单，选择了3个创业项目，进行筛选，团队一致决定设计一款能够为经常使用电脑的人群提供便捷的多功能电脑包作为创业项目。他们运用SWOT分析了创业项目构思，并利用STP对市场进行了分析，但不知道如何制订商业模式。

知识点 ① 商业模式

1. 商业模式的概念

商业模式本质是企业为客户创造并传递价值，使客户感受并享受企业为其创造的价值,从而让企业获利的系统逻辑,反映的是利益相关者之间的交易关系,是若干因素构成的一组盈利逻辑关系的链条。著名管理学家彼得·德鲁克在《21世纪的管理挑战》一书中指出:"当今企业间的竞争不是产品间的竞争,而是商业模式之间的竞争。"

商业模式的定义是一个组织在何时(When)、何地(Where)、为何(Why)、如何(How)和多大程度(How much)地为谁(Who)提供什么样(What)的产品和服务(即5W2H),并开发资源以持续这种努力的组合。哈佛商学院将商业模式定义为"企业盈利所需采用的核心业务决策与平衡"。最通俗的定义是:商业模式就是描述企业如何通过运作来实现其生存与发展的"故事"。在网络热潮时期,硅谷的许多创业者曾通过给投资者讲一个好的"故事"而获得了巨额融资。

商业模式的核心三要素是顾客、价值和利润。一个好的商业模式,必须回答以下三个基本问题:①企业的顾客在哪里?②企业能为顾客提供怎样的(独特的)价值和服务?③企业如何以合理的价格为顾客提供这些价值,并从中获得合理利润?

商业模式是商业战略生成的基础,商业战略是在商业模式基础上的行为选择。商业模式是企业价值链(见图4-1)的核心逻辑,包括价值发现、价值创造和价值交换。商业模式的价值主张、价值网络和价值实现等要素之间的不同组合方式形成了不同的商业模式。

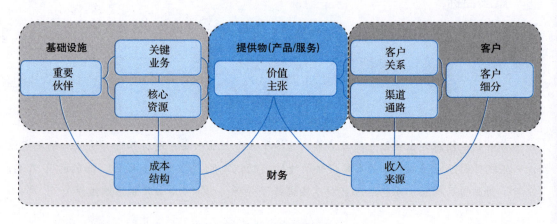

图4-1 企业价值链

2. 商业模式的构成要素

有效的商业模式必须包括4个关键要素和3个界面要素:核心战略、战略资源、伙伴网络和顾客界面,以及顾客利益、构造和企业边界,如图4-2所示。

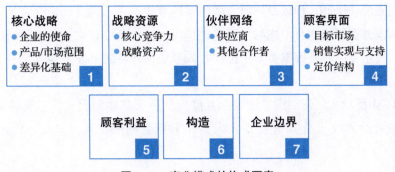

图 4-2　商业模式的构成要素

3. 商业模式设计

商业模式画布是一种能够帮助创业者催生创意、降低猜测，确保他们找对目标用户、合理解决问题的工具，主要由九个基础模块（见图 4-3）组成：分别是客户群体、价值服务、渠道通路、客户关系、关键业务、核心资源、重要合作、收入来源和成本结构。商业模式的设计是创业机会开发环节的一个不断试错、修正和反复的过程。也是分解企业价值链条和价值要素的过程，涉及要素的新组合关系或新要素的增加。理想的商业模式应能带来现金流和利润。

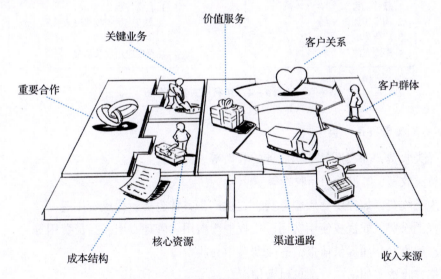

图 4-3　商业模式画布的九个基础模块

知识点 2　盈利模式

1. 盈利模式的概念

盈利模式是管理学的重要研究对象之一。盈利模式指按照利益相关者划分的企业的收入结构、成本结构以及相应的目标利润。

盈利模式是对企业经营要素进行价值识别和管理，在经营要素中找到盈利机会，即探求企业利润来源、生产过程以及产出方式的系统方法。还有观点认为，它是企业通过自身以及相关利益者资源的整合形成的一种实现价值创造、价值获取、利益分配的组织机制及商业架构。其主要内容是根据企业定位在收入系统构建基础上确定各方交易方法及交易收费项目。

如图4-4所示，以开心网、淘宝、百度为例分析其盈利模式，主要是从经营角度研究企业的主营业务收入及其他业务收入，并不涵盖补贴收入，营业外收入及投资性收益等。

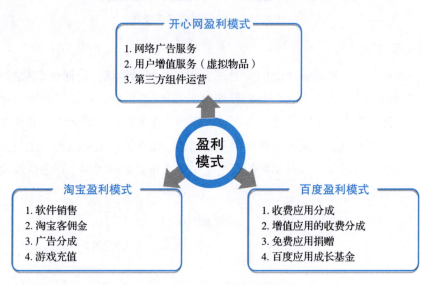

图4-4　盈利模式案例分析

2. 交易收费项目分类

产品类收费，如卖产品或卖服务的收费等。

租赁类收费，如租赁产品收费等。

行为类收费，如提供售后服务费、提供广告宣传收费、提成费用等。

管理类收费，如授权使用费用、授权加盟费用、管理费用、会员费用等。

信息类收费，如提供情报信息收费、中介收费等。

第三方收费，如第三方买单付费情况。

创业名言

我有利，客无利，则客不存。
我利大，客利小，则客不久。
客有利，我无利，皮之不存，毛将安附？
客我利相当，则客久存，我则久利！然双赢！

——墨子《商之道》

应用模板

1. 商业模式画布（见图4-5）

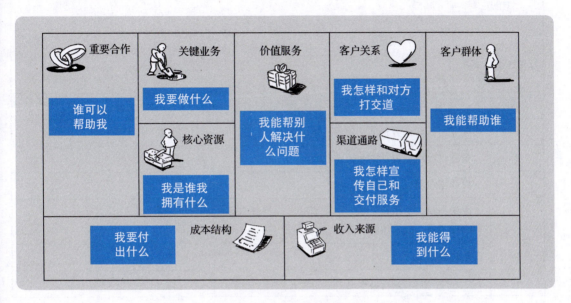

图4-5 商业模式画布

2. 盈利模式设计（见图4-6）

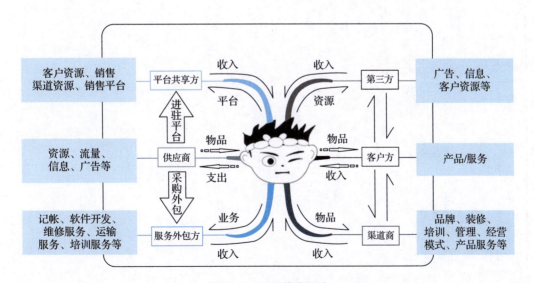

图4-6 盈利模式设计

工作手册

任务名称	你设计商业模式了吗？
团队	
任务实施关键点	

序号	实施步骤	实施策略
1	创业团队讨论分析创业项目商业模式	
2	根据创业项目设计商业模式画布	
3	设计创业项目盈利模式	
4	在盈利模式上用符号标记出收费项目、免费项目、待收费项目、成本项目	
5	做好会议记录	
6	在工作手册上实施练习	
7	各团队成员分工进行展示	

工作小结

会 议 纪 要

会议主题：		会议时间：	
参会人：		主持人：	
会议内容：			
会议结论：			
签　名：			

随堂练习

一、选择题（可多选）

1. 商业模式的核心三要素是（　　　）。
   A. 顾客　　　　　B. 价值　　　　　C. 利润　　　　　D. 收益

2. 各类商业模型里面，基本都包含了四个共同模块：价值主张、客户与营销、资源与生产和（　　　）。
   A. 盈利模式　　　B. 经营模式　　　C. 营销模式　　　D. 管理模式

3. 一个好的商业模式应该回答（　　　）。
   A. 企业如何从这项业务中获取利润
   B. 顾客看重是什么
   C. 企业以适当的成本为顾客提供价值的经济逻辑是什么
   D. 谁是企业的顾客

4. 商业模式画布由九个基础模块组成：分别是（　　　）。
   A. 客户细分、价值主张、分销渠道　　　B. 客户关系、关键业务
   C. 核心资源、重要合作　　　　　　　　D. 收益来源、成本结构

5. 售后服务费、提供广告宣传收费、提成费用等是属于（　　　）类收费。
   A. 管理类收费　　B. 行为类收费　　C. 信息类收费　　D. 第三方收费

二、设计题

请根据小组的项目，设计团队项目的商业模式。

1. 团队项目的价值主张：

   _____

   _____

   _____

2. 团队项目所需资源：

   _____

   _____

   _____

3. 团队项目的盈利模式：

   _____

   _____

考核与评价

 任务名称：你设计商业模式了吗？

姓名		班级		得分	
自我评价 （30分）	自我反思（总结本次任务完成情况，掌握了哪些知识和技能、锻炼了哪些能力，收获了什么，自己的不足之处以及怎么提升等）				
同学评价 （30分）	团队互评（主要指在团队中的表现情况）				
教师评价 （40分）					
总分 （100分）					

拓展知识

1. 商业模式

商业模式是由顾客价值、企业资源和能力、盈利模式构成的三维立体模型，它描述了企业为了满足客户需求、实现客户价值、达成持续盈利，整合各方资源而形成的完整高效的、具有独特核心竞争力的企业全面运营系统，它清楚地说明了企业创造价值、传递价值、获取价值的基本原理，包括了基础构建、盈利构建、营销构建、利益构建四个方面。

1）基础构建，包括价值主张（具体化到产品或服务）、客户构建、组织管理。
2）盈利构建，包括核心能力、合作伙伴、资源配置、业务系统、盈利来源。
3）营销构建，包括营销渠道、客户关系。
4）利益构建，包括成本策略、收入构成。

2. 盈利模式

盈利模式全面描述了企业与利益相关者之间的交易关系、交易内容、交易方法及利益分配的商业架构，是企业的动力系统。盈利模式的设计包含两个核心步骤、三个基础要素。两个核心步骤为业务系统构建、盈利设计，三个基础要素是产品或服务、客户构成、收费项目。

3. 市场模式

市场模式是指企业品牌建设、市场启动、市场宣传形象确立等方面的操作方式及运作渠道。

4. 营销模式

营销是如何构建产品到客户的通路，是如何营造销售环节吸引客户的策略规划。

营销模式按照构建基础划分，可以分为市场细分导向、客户资源导向；按照介质划分，可以分为直销、代销、经销、连锁、网络、招商、数据库营销。

5. 销售模式

销售是如何把产品卖给客户的一个行为过程，可分为面对面销售、电话销售、传真函件销售、关系销售、会议销售、展示销售、邮件销售、电商平台销售、媒体销售、自媒体销售等。

销售实战过程中有多种技巧，但所有的技巧都指向以下四点。

1）超值，让客户强烈感受到产品的好处，认识到产品价值很高，从而忽视价格的高低。

2）感觉，让客户在体验、买单、售后的过程中处于开心、快乐、舒适、认同的状态。
3）方便，让客户得到产品、使用产品、享受产品服务都非常方便快捷。
4）要求，要敢于直接要求客户成交，同时提供尽可能多的付款方式来方便成交。

练习　案例分析

抖音的商业模式分析

抖音APP是一款社交类的软件，通过抖音短视频APP，用户可以分享自己的生活，也可以认识更多的朋友，了解各种奇闻趣事。

抖音于2016年9月上线，但一直到2017年春节后，其投资公司今日头条才决定将各种推广资源全力导向这个可以提升公司品牌的新项目。于是，抖音很快成为今日头条的战略级产品，同时，今日头条也将其最核心的算法优势用到了抖音上，一开始就在产品层面加入算法推荐型模型以保证内容分发的效率；另外，除了以工具属性为核心外，抖音还联络直播平台家族公会，从美拍批量导入大量关键意见领袖（以下简称KOL），并承接头条的许多明星资源，做以KOL为核心的粉丝传播。抖音在上线初期，曾被外界质疑抄袭北美音乐短视频社交平台Musical.ly，从抖音界面、功能来看，两者的UI设计非常相似，都是短视频社交软件，都定位年轻人群体。于是，2017年11月10日，今日头条以10亿美元的代价收购Musical.ly，将其与抖音合并。

2018年4月10日，抖音正式上线反沉迷系统。2018年5月6日，抖音邀请社会各界、广大用户和专家学者，面对面地研讨拟订《抖音社区公约》。2018年6月，国资委新闻中心携中央企业媒体联盟与抖音签署战略合作，首批25家企业集体入驻抖音，包括中国核电、航天科工、航空工业等，昔日人们印象中高冷的央企，正借助新的传播形式寻求改变。此前，七大博物馆、北京市公安局特警总队和共青团中央等机构已入驻抖音等短视频平台。除了娱乐、搞笑、秀"颜值"、秀舞技，不少传播社会主义核心价值观的内容开始在短视频平台上流行起来。

2018年7月26日，抖音宣布启动"向日葵计划"，将在审核、产品、内容等多个层面推出10项措施，助力未成年人的健康成长。（资料来源：百度百科）

请分析抖音的商业模式，填写相应内容。

1. 抖音的价值主张是什么？他们是如何传播其价值主张的？

_____
_____
_____

2. 抖音的细分客户是谁？抖音是如何处理其与客户的关系？

3. 抖音的核心资源是什么？合作伙伴有哪些？

4. 基于这些资源和合作伙伴，抖音做了哪些主要工作？

5. 抖音的收入来自于哪里？

任务五
你选择好组织结构和法律形态了吗？

能力目标
能运用所学的知识组建和管理好团队，选择合适的法律形态。

知识目标
（1）了解企业由哪些人员组成以及员工的重要性。
（2）掌握如何设计企业的组织结构。
（3）掌握如何选择合适的法律形态。

素质目标
形成对企业组织结构的认识，提高知法守法的意识。

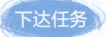

阅读任务，在工作手册中完成任务。

常益创业团队采用线上线下相结合的方式进行销售，运用STP进行市场分析，确定目标市场主要是经常使用电脑的老师、培训师、学生、年轻人、白领等，准备打造一款时尚、智能、便捷的电脑包。现在将进一步明确团队的分工，其创业项目的组织结构到底可不可行？要办一家什么样的企业？怎么样选择法律形态呢？

知识点 1　企业组织结构

1. 企业人员组成

初创企业规模不大，一般由下列人员组成。

(1) 企业主　在大多数初创企业中，企业主既是企业的所有者，又是企业的经营者，是企业的灵魂和核心。企业主可以行使以下职责。

- 开发创意、制定目标和行动计划。
- 组织和调动员工实施行动计划。
- 确保计划的执行，使企业达到预期目标。

在计划开办企业和制订企业计划时，企业主需要考虑自己的经营能力，明确哪些工作可以由自己去做，哪些工作是既没能力也没时间去做的。如果需要一名经理，就要考虑他是否具备创业的能力和经历。也可以向其他有经验的创业者请教，看看他们是如何管理企业和员工的。

(2) 企业合伙人　如果一家企业不止有一个企业主，那么，这些企业主将以合伙人的身份共享收益，共担风险。他们将决定彼此的分工合作，比如，一个人负责销售，一个人负责采购，一个人负责管理。

合伙人之间的交流一定要透明和诚恳。若合伙人无法形成统一决策，往往会导致企业经营失败。因此，有必要在决定合作前签订股份合作协议或合伙协议。

(3) 员工　如果企业主没有时间或能力把全部工作包下来，就需要雇用员工，一般创业初期可能需要雇用1~2名员工，有的则需要雇用更多的员工。

为了雇用到合适的员工，需要考虑以下几点。

- 参照创业项目构思，把该做的工作列出来。
- 明确哪些工作是自己做不了的。
- 详细说明员工要做这些工作应该具备哪些知识和技能，以及其他要求。
- 决定完成每项工作需要多少人。
- 确定要向员工（包括企业主本人）支付多少工资。

创业初期，一定要在明确企业主、企业合伙人和员工职责的同时，设立企业顾问，并随时寻求他们的帮助。企业主不可能是所有事务方面的专家，因此，企业有必要寻求包括相关专业协会、融资机构、会计、律师、咨询顾问、政府职能部门的专家的帮助，还可以从一些企业、贸易和教育机构那里获得帮助。

2. 确定岗位职责

初创企业的人员管理，就是让合适的人做合适的事。因此，初创者必须考虑建立企业管理制度，明确岗位职责，让所有的员工都知道自己必须做哪些工作，以及完成这些工作所需要的知识和技能，即以制度管人，而非人管人。企业的招聘策略如图5-1所示。

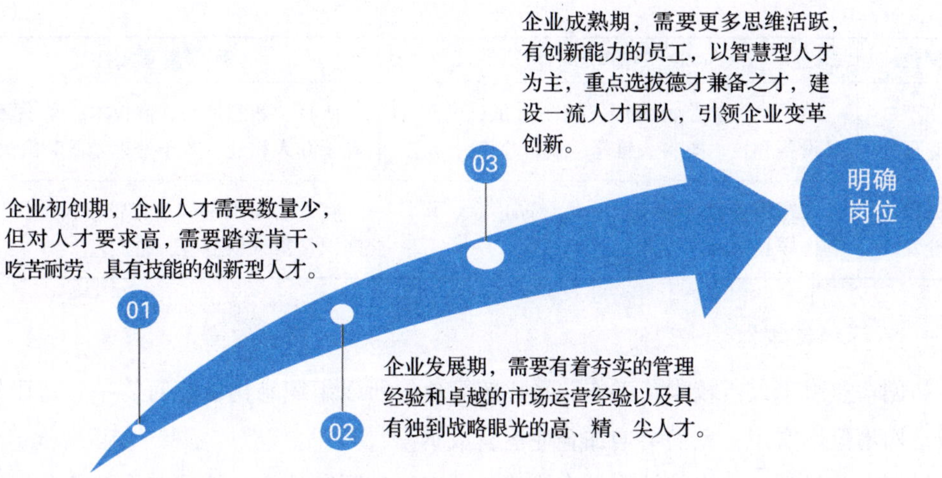

01 企业初创期，企业人才需要数量少，但对人才要求高，需要踏实肯干、吃苦耐劳、具有技能的创新型人才。

02 企业发展期，需要有着夯实的管理经验和卓越的市场运营经验以及具有独到战略眼光的高、精、尖人才。

03 企业成熟期，需要更多思维活跃，有创新能力的员工，以智慧型人才为主，重点选拔德才兼备之才，建设一流人才团队，引领企业变革创新。

明确岗位

图5-1 企业招聘策略

岗位职责规定了某一特定岗位的工作内容，对于这些内容，必须清楚地描述出来，这样做有如下好处。

- 能明确员工的岗位及职责、权利与义务。
- 能提供绩效考评的依据，调动员工的积极性。

一般来说，确定岗位职责时应注意以下问题。

- 根据岗位经营需要，确定工作岗位名称及数量。
- 根据岗位工种，确定岗位职务范围。
- 明确岗位任职的重要职责。
- 确定各个岗位之间的关系。
- 根据岗位的性质明确实现岗位目标的责任。

岗位职责表见表5-1。

表5-1 岗位职责表

岗位	工作内容	所需素质或技能
经理	做计划、定目标、监督实施、协调内部关系、与相关部门打交道	有主见、认真、果断、应变能力强、人际交往能力强
财务	出纳、收款、记账、管理现金、盘点库存	认真踏实、有条理、诚实、细致
销售管理	市场调查、与客户建立并保持良好关系、接订单、预测销售量、确定价格、组织促销活动、发货送货、采购原料	认真、思路敏捷、有活力、善于与人交往、谈判能力强、讲诚信

(续)

岗位	工作内容	所需素质或技能
生产管理	组织生产、监督生产、控制质量、管理工具设备和技术资料、维修、制订生产计划	认真、熟悉产品、懂技术、动手能力强、善于和人相处、善于处理矛盾和解决问题
产品设计开发	跟踪市场需求动态、收集样品信息、设计制作样品	有一定美术基础、有较丰富的历史文化知识、富有创造性、懂工艺

3. 设计组织结构

初创企业由于人员较少，工作关系比较简单，所以组织结构也相对简单，过于复杂的组织结构不但不实用，反而会增加企业运营成本。

初创企业最常见的组织结构是直线式，即把初创团队的人员按照工作责任分配到若干部门，在每一个部门设立一个领导岗位，然后明确各部门之间的关系。在这种组织结构中，实行垂直领导，下属部门只接受一个上级领导，部门领导对所属部门的一切问题负责。

一般来说，设计组织结构时应注意以下两个方面。

● 部门和岗位的设置。
● 部门和岗位之间的关系。

企业主可以按照以下步骤来设计企业的组织结构。

步骤一：划部门。弄清创业初期企业内部都有哪些工作职责，应该划分成哪些部门，设置哪些岗位。

步骤二：明关系。明确各部门和岗位之间的关系，是从属关系还是并列关系，并考虑属于并列关系的部门和岗位之间如何进行协调和配合。

步骤三：定职责。明确各部门和岗位的工作职责。

步骤四：考虑各部门和岗位的设置数量。

企业组织结构图如图 5-2 所示。

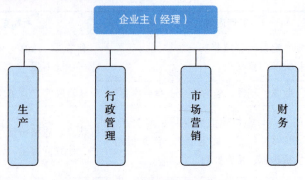

图 5-2　企业组织结构图

良好的组织结构可以帮助初创企业在人员有限的情况下保持较高的团队执行力和战斗力。

知识点 2　法律形态

1. 初创企业常见法律形态及其影响

企业法律形态是指国家法律规定的企业组织形式,即企业在市场环境中存在的合法身份。

我国企业的主要法律形态有股份有限责任公司、有限责任公司、外资企业、中外合资企业、中外合作企业、乡镇企业、股份合作制企业、合伙企业、个人独资企业、个体工商户、农村承包经营户、农民专业合作社等。

初创企业常见的法律形态主要有个体工商户、个人独资企业、合伙企业和有限责任公司四种。

如图5-3所示,不同的初创企业法律形态对企业会产生不同的影响,这些影响包括:开办和注册企业的成本、开办手续的难易程度、企业的风险责任、筹集资金的难易程度、寻找合伙人的可能性、企业的决策程序、企业的利润及利润分配。

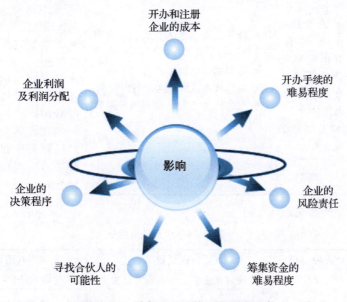

图5-3　选择企业法律形态影响因素

2. 初创企业常见法律形态的特点

不同的企业法律形态具有不同的特点,了解这些特点,有助于初创企业选择合适的法律形态。

（1）业主数量和注册资本（见表5-2）

表5-2　企业业主数量和注册资本

个体工商户	个人独资企业	合伙企业		有限责任公司	
		普通合伙企业	有限合伙企业	多人有限责任公司	一人有限责任公司
● 业主是1个人或1个家庭 ● 无注册资本限制	● 业主是1个人 ● 无注册资本限制	● 由2个以上普通合伙人组成 ● 无注册资本限制	● 由2个以上50个以下的合伙人组成，其中至少有1个普通合伙人 ● 无注册资本限制	● 股东在50人以下 ● 没有最低注册资本限制 ● 注册资本由过去的实缴改为认缴，认缴金额及认缴方式由股东在公司章程中约定	

（2）成立条件（见表5-3）

表5-3　企业成立条件

个体工商户	个人独资企业	合伙企业		有限责任公司	
		普通合伙企业	有限合伙企业	多人有限责任公司	一人有限责任公司
● 业主有相应的经营资金（对于经营场所，各地有具体要求）	● 投资者是一个自然人 ● 有合法的企业名称，有固定的经营场所和必要的生产经营条件 ● 有必要的从业人员	● 合伙人为自然人，应当具有完全民事行为能力 ● 有书面合伙协议 ● 有合伙人认缴或实缴的出资额 ● 有合伙企业的名称和生产经营场所		● 股东符合法定人数 ● 股东出资达到认缴额度 ● 共同制定故事章程 ● 有公司名称和符合要求的组织结构 ● 有固定的生产经营场所和必要的生产经营条件	● 只有一个自然人股东或者一个法人股东的有限责任公司

（3）经营特征（见表5-4）

表5-4　企业经营特征

个体工商户	个人独资企业	合伙企业		有限责任公司	
		普通合伙企业	有限合伙企业	多人有限责任公司	一人有限责任公司
● 资产属于私人所有，业主既是所有者，又是劳动者和管理者	● 资产属于投资人所有，业主既是所有者，又是劳动者和管理者	● 按照合伙协议的约定或经全体合伙人决定，可以委托一个或数个合伙人对外代表企业，执行合伙事务	● 由普通合伙人执行合伙事务 ● 有限合伙人不能执行合伙事务，不能代表合伙企业	● 公司设立股东会、董事会（执行董事）和监事（会） ● 由董事会聘请职业经理人管理公司义务	● 不设股东会 ● 应当在每一会计年度终了时，编制财务会计报告，并经会计师事务所审计 ● 可设1名执行董事

(4) 利润分配和债务责任（见表 5-5）

表 5-5 利润分配和债务责任

个体工商户	个人独资企业	合伙企业		有限责任公司	
		普通合伙企业	有限合伙企业	多人有限责任公司	一人有限责任公司
● 利润归个人或家庭所有 ● 由个人或家庭资产对企业债务承担无限责任	● 利润归个人所有 ● 投资人以其个人资产对企业债务承担无限责任	● 合伙企业的利润分配、亏损分摊，按照合伙协议的约定办理 ● 合伙企业不能清偿到期债务的，合伙人承担无限连带责任	● 普通合伙人对合伙企业承担无限连带责任，有限合伙人以其认缴的出资额为限对合伙企业承担责任	● 按股东实缴的出资比例分配利润，以其认缴的实缴额为限对公司承担责任	● 股东不能证明公司财产独立于股东自己的财产的，应当对公司债务承担连带责任

企业名称是一个企业区别于其他企业的文字符号，依次由企业所在地的行政区域、字号、行业、法律形态等四部分组成，其中字号是区别不同企业的主要标志。图 5-4 对四川长虹电器股份有限公司的企业名称进行了解读。

表 5-6 详细解释了自然人、法人和法定代表人的区别。图 5-5 解读了债务责任的分类情况。

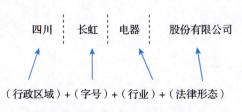

图 5-4 对企业名称的解读

表 5-6 自然人、法人和法定代表人的区别

自然人	法人	法定代表人
1. 基于自然规律出生、生存的人 2. 以个人本身作为民事主体	1. 社会组织在法律上的人格化，不是实实在在的生命体 2. 法人是集合的民事主体（一些自然人的集合体） 3. 法人是依法成立的，有必要的财产和经费，有自己的名称、组织结构和场所，能够独立承担民事责任	1. 代表法人的人，权力由法人赋予，代表法人的利益，按照法人的意志行使法人权力 2. 法人对法定代表人的正常活动承担民事责任

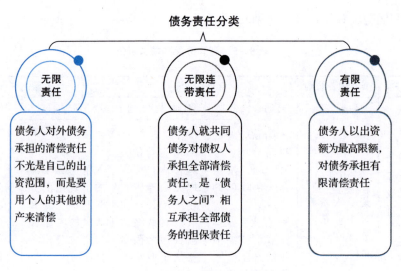

图 5-5 债务责任的分类

3. 选择合适的初创企业法律形态

为保证初创企业稳定经营和持续发展，必须选择一种合适的企业法律形态。在选择企业法律形态时，要考虑以下几个因素。

- 初创企业的规模。
- 行业类型和发展前景。
- 初创者或投资者的数量。
- 创业资金的数量。
- 充分利用政策的优势。
- 企业的义务和应承担的责任。
- 创业者的价值观念（倾向于个人决策还是协商合作）。

我国有专门为初创企业提供咨询的政府机构（各地工商管理局等）和非政府组织（工商联合会等），还有帮助各类失业人员创业的社会保障和就业服务部门，以及学校的创新创业指导教师。如果你要创办一家规模较大或结构复杂的企业，在选择企业法律形态时，可以听取律师的意见。

不同的企业法律形态各有利弊，在选择企业法律形态时，要考虑初创企业的实际情况及选择某种法律形态可能会对企业产生的影响。

如果准备创办的企业规模较小，投资人和资金较少，所有风险都由创业者一个人承担，就可以选择简单、经济的企业法律形态，如个体工商户或个人独资企业。

如果有国外的亲戚朋友愿意投资帮助创业，创业者可以选择中外合资企业或中外合作企业的法律形态。

如果创业资金和技术不足,但有志同道合的朋友愿意一起干,不妨选择合伙企业或有限责任公司的法律形态。

如果创业者有较强的独立意识,不想与他人合作,那么可以选择个体工商户、个人独资企业或一人有限责任公司的法律形态。

选择企业法律形态时,既要考虑企业规模、业务特点,也要考虑创业者的价值观念。

创业名言　　如果我最初问消费者他们想要什么,他们应该是会告诉我"要一匹更快的马!"

——福特汽车公司创始人亨利·福特

应用模板

1. 设计初创企业的组织结构(见图5-6)

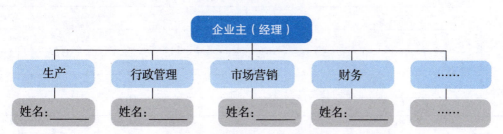

图5-6　初创企业的组织结构图

2. 初创企业员工的分工及职责(见表5-7)

表5-7　初创企业员工的分工及职责

部门/岗位	负责人	职责	所需素质或技能	组成人员
总经理				
总经理助理				
____部				
____部				
____部				
____部				
____部				
____部				

3. 选择初创企业的法律形态（见表 5-8）

表 5-8　选择初创企业法律形态

A. 你的初创企业法律形态是什么？（请在相应的选项前画"√"） 　　☐ 个体工商户　　　　　　　☐ 个人独资企业 　　☐ 合伙企业　　　　　　　　☐ 有限责任公司 　　☐ 其他（请说明）_____ B. 选择这种初创企业法律形态的原因是什么？ _____ _____ _____ _____ C. 填写初创者的有关信息。

姓名	技能说明

4. 填写初创企业合作协议的要点（见表 5-9）

表 5-9　初创企业合作协议

	合作人				
协议内容条款	企业计划注册资金				
	出资方式				
	出资数额				
	股权份额及利润分配				
	利润数额与亏损承担				
	分工、权限和责任				
	违约责任				
	转股、退投及增资				
	协议变更和终止				
	其他条款				

工作手册

任务名称	你选择好组织结构和法律形态了吗？
团队	
任务实施关键点	

序号	实施步骤	实施策略
1	讨论并明确初创项目需设立的岗位、职责	
2	设计初创企业的组织结构	
3	选择初创企业适合的法律形态，说明原因	
4	制订合作协议内容、条款，签订合作协议	
5	做好会议记录	
6	在工作手册上实施练习	
7	各团队成员分工进行展示	

工作小结

会议纪要

会议主题：		会议时间：	
参会人：		主持人：	

会议内容：

会议结论：

签　名：

随堂练习

一、选择题（可多选）

1. 成都某商业银行向 A、B、C 三家企业各发放了 5 万元的贷款，到了还款最后期限时，三家企业：个体工商户 A、合伙企业 B、有限责任公司 C 都不同程度出现了一些困难，表示无法偿还贷款，甚至资不抵债，还不了款。请问，银行还能够要回全部的贷款吗？（　　）

    A. 个体工商户 A、合伙企业 B、有限责任公司 C 都不可能要回贷款。

    B. 个体工商户 A、合伙企业 B 有全部要回的可能，有限责任公司 C 不可能全部可能要回贷款。

    C. 个体工商户 A、有限责任公司 C 有全部要回的可能、合伙企业 B 不可能要回全部贷款。

    D. 个体工商户 A 不可能要回全部贷款，合伙企业 B、有限责任公司 C 都有可能要回贷款。

2. 请为以下初创企业选择合适的法律形态：

    刘备草鞋店（　　）　　凤姐大观园（　　）　　西天取经队（　　）　　梁山好汉帮（　　）

    A. 个体工商户　　B. 有限责任公司　　C. 个人独资企业　　D. 合伙企业

3. 设计初创企业的组织结构的步骤是（　　）

    A. 划部门　　B. 明关系　　C. 定职责　　D. 设人员

4. 我国企业的主要法律形态有（　　）

    A. 股份有限责任公司、有限责任公司

    B. 外资企业、中外合资企业、中外合作企业

    C. 乡镇企业、股份合作制企业、合伙企业、个人独资企业

    D. 个体工商户、农村承包经营户、农民专业合作社等。

5. 有限责任公司股东在（　　），有限合伙企业在（　　）。

    A. 60 人以下，5 人以下 100 人以上　　B. 50 人以下，2 人以上 50 人以下

    C. 2 人以上 50 人以下，60 人以下　　D. 5 人以上 100 人以下，50 人以下

二、思考题

如果让你为自己的初创企业的组织结构打分（最高 10 分，最低 0 分），得分是多少？你的下一步行动计划是什么？

_____

_____

考核与评价

 任务名称：你选择好组织结构和法律形态了吗？

姓名		班级		得分
自我评价（30分）	自我反思（总结本次任务的完成情况，掌握了哪些知识和技能、锻炼了哪些能力，收获了什么，自己的不足之处以及怎么提升等）			
同学评价（30分）	团队互评（主要指在团队中的表现情况）			
教师评价（40分）				
总分（100分）				

拓展知识

1. 企业员工招聘

雇用有相关专业技能、工作积极性高的员工是非常重要的。初创企业员工招聘应遵循以下流程（见图5-7）。

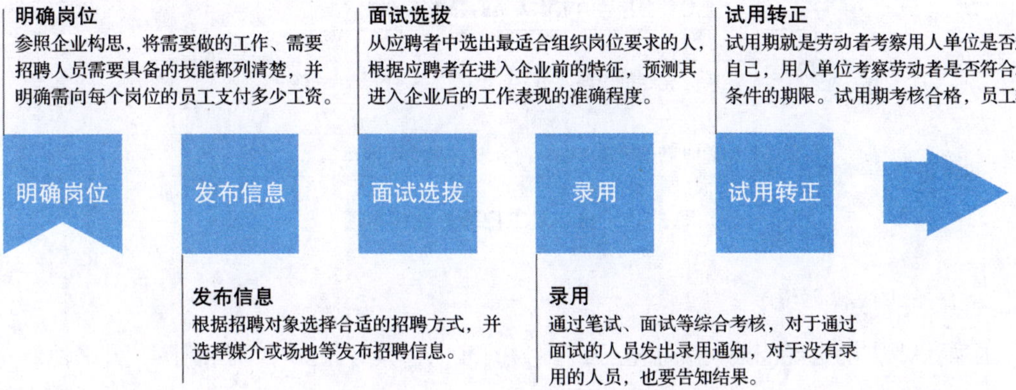

明确岗位
参照企业构思，将需要做的工作、需要招聘人员需要具备的技能都列清楚，并明确需向每个岗位的员工支付多少工资。

面试选拔
从应聘者中选出最适合组织岗位要求的人，根据应聘者在进入企业前的特征，预测其进入企业后的工作表现的准确程度。

试用转正
试用期就是劳动者考察用人单位是否适合自己，用人单位考察劳动者是否符合录用条件的期限。试用期考核合格，员工转正。

明确岗位 → 发布信息 → 面试选拔 → 录用 → 试用转正

发布信息
根据招聘对象选择合适的招聘方式，并选择媒介或场地等发布招聘信息。

录用
通过笔试、面试等综合考核，对于通过面试的人员发出录用通知，对于没有录用的人员，也要告知结果。

图5-7 初创企业员工招聘流程

在面试应聘者的过程中，提问是有技巧的，如图5-8所示，通过向应聘人员提出下面这些常见的问题，可以掌握他们的基本情况。

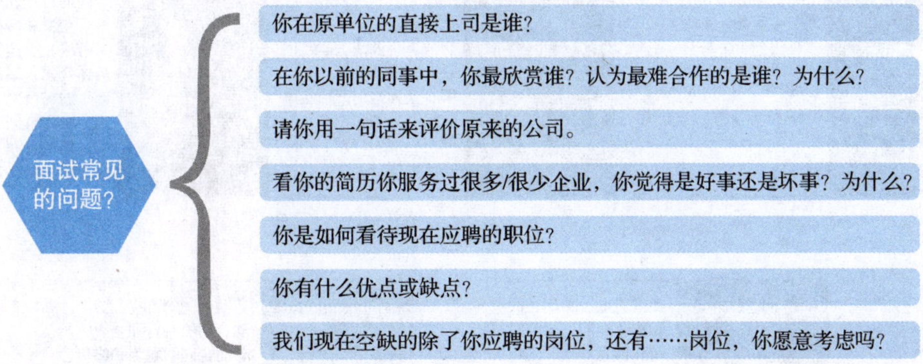

面试常见的问题？
- 你在原单位的直接上司是谁？
- 在你以前的同事中，你最欣赏谁？认为最难合作的是谁？为什么？
- 请你用一句话来评价原来的公司。
- 看你的简历你服务过很多/很少企业，你觉得是好事还是坏事？为什么？
- 你是如何看待现在应聘的职位？
- 你有什么优点或缺点？
- 我们现在空缺的除了你应聘的岗位，还有……岗位，你愿意考虑吗？

图5-8 面试常见的问题

招聘是企业用人的第一步，不仅要招到企业所需的人才，还要体现企业的形象，所以企业必须重视招聘这一关，在招聘流程、任职条件、招聘准备、笔试、面试、招聘人员的选择等方面都要做好做细，这样才能找到合适的人，担任合适的岗位。初创企业员工招聘的注意事项如图5-9所示。

| 企业员工招聘的注意事项 |

- **01** 过于重视学历，而轻视应聘人员的能力
- **02** 太过重视专业和工作经历，忽视应聘人员的潜力
- **03** 只顾着招人，不管应聘人员的使用
- **04** 企业对负责招聘的工作人员的看法不重视
- **05** 招聘时要尊重应聘人员
- **06** 招聘时避免招聘歧视，应合理安排招聘环节

图 5-9　企业员工招聘的注意事项

2. 企业的法律环境

国家法律法规是规范公司和企业经济行为的准则，具有权威性、强制性、公平性。在开办和经营企业的过程中，要自觉树立"学法、知法、懂法、守法、用法"的观念，保证自己的初创企业合法、有序地经营和发展。

与初创企业直接相关的基本法律及相关内容如图 5-10 所示。

图 5-10　初创企业相关的基本法律及相关内容

练习 设计初创企业招聘简章。

_____ 招聘简章

任务六
你准备投入多少资金？

教学目标

能力目标

能运用所学的知识预测初创项目所需的启动资金和销售收入，制订初创项目的销售成本计划和现金流量计划。

知识目标

(1) 了解启动资金的分类。
(2) 了解利润来源。
(3) 掌握制定产品价格的方法。
(4) 掌握预测销售收入的步骤和方法。
(5) 掌握初创企业制订销售与成本计划的方法。
(6) 掌握初创企业制订现金流量计划的方法。

素质目标

形成对资金重要性的认识，建立对创业所需资金进行全面预算的意识。

阅读任务，在工作手册中完成任务。

经过商定，常益的创业项目明确了团队成员的分工和职责，确定选择有限责任公司的法律形态。现在不知道创业初期需要多少资金？资金又从哪里来？产品应该定价多少？

知识点 1 启动资金

1. 启动资金的分类

启动资金就是开办企业并使其正常运转需要准备的所有资金。启动资金按用途可分为投资资金和流动资金两大类。

（1）投资资金　是指为开办企业而购置的固定资产和无形资产，以及支付开办费和其他投入的资金总和。开办企业时投资是必需的，不同企业的投资是不同的。有的企业用很少的投资就可以开办，而有的企业却需要大量的投资才能启动。创业时，应把必要的投资降到最低限度，把风险降到最低。

（2）流动资金　是指初创企业维护日常运转所需要准备的资金。

在创业初期会产生很多意想不到的费用，若没有进行资金预算，就会产生很多问题，甚至导致企业还没正常运转就倒闭破产。

2. 投资预测

创业初期需要投资资金。因此，必须先预测开办企业到底需要多少资金。投资一般可分为固定资产、无形资产、开办费和其他费用四类。

（1）固定资产　是指初创企业购置的价值较高、使用寿命较长的资产，如设备、房子等。设备是指企业所需要的机器、机械、工具、车辆、办公家具、电子产品等。

（2）无形资产　是指企业长期使用的、不具有实物形态但能带来经济收益的资产，如特许经营权、专利权、土地使用权、大型软件等。

（3）开办费　是指初创企业在筹建期间发生的各项费用，包括培训费、差旅费、印刷费、注册登记费以及不计入固定资产和无形资产价值的借款费用等。

（4）其他费用　除上述投资外，初创企业还可能发生一次性装修费、转让费等支出。

3. 流动资金预测

初创企业需要流动资金支付以下费用。

（1）购买并储存原材料和商品的费用　生产产品需要原材料，批发商和零售商需要储存商品来出售，预计的库存越多，需要用于采购的流动资金就越多，初创企业需将库存降到最低限度。

（2）促销费　初创企业开业后，往往需要促销自己的产品或服务，而组织促销活动是需要流动资金的。

（3）工资　如果初创企业已经雇用了员工，在起步阶段就要支付员工工资，另外，团队的成员也要以工资方式支付生活费用。计算流动资金时，要计算用于发工资的资金，通常用每月工资总额乘以还没达到收支平衡的月数就可以计算出来。

（4）租金　通常情况下，大多数初创企业为降低资金投入，会采取租赁房屋的形式经营，初创企业一开始就需要支付用地用房的租金。一般，大学生创业会入驻孵化基地，无须支付租金。计算时还需考虑租金可能一付就是 6 个月或 1 年，而购买房屋的费用属于投资范畴。

（5）保险费　初创企业开始运转时，就要选择必要的保险并支付保险费，也需要从流动资金中支出。

（6）其他费用　初创企业在经营初期，还要支付一些其他费用，如交通费等。

知识点 2　制订利润计划

1. 销量预测

销量预测是指在充分考虑未来各种影响因素的基础上，结合本企业或类似企业过去同时期的销售业绩，通过一定的分析方法对未来一定期间内，全部产品或指定产品的销售数量与销售金额的估计，根据估计结果可以制定出切实可行的销售目标。

2. 销量预测方法

初创企业往往会过高估计自己的销售量，在预测销售量时不要过于乐观，要留有余地，更需要采用科学的预测方法，预测销售量的方法主要有以下几种。

（1）经验预测法　可能需在同类企业中实践或调研，甚至在竞争对手的企业中调研。通过对市场的洞察和了解，预测销售量。

（2）类比预测法　将初创企业资源、技术和市场营销计划与竞争对手加以比较，基于他们的水平来预测销售量，这是最常用的销售预测方法。如果创业者身边没有竞争对手，可以到其他地方看看那里的企业是怎么运作的。

（3）试销预测法　少量试销产品或服务，看看能销出去多少。这种方法对制造商和专业零售商很有效，但不适合有大量库存的企业。

（4）订单预测法　可以通过所获得的订单数量来预测销售量，如果客户不多，那么可以采用这种方法。这种方法适用于出口商、批发商或制造商。订单必须是书面购买意向书或购买协议。

（5）调查预测法　调查访问那些可能成为客户的人，了解他们的购买习惯。要想做好调查不容易，可以先以同学、朋友为对象进行初测，分析一下结果，然后判断调查内容是否提供了预测销售量所需的信息。因为不可能访问所有的潜在顾客，所以必须做好抽样调查。

3. 定价方式

定价方式主要研究商品或服务的价格制定和变更的策略，以求得营销效果和收益的最佳。定价方式可以分为三大类，成本导向定价、竞争导向定价及需求导向定价。

（1）成本导向定价　是以营销产品的成本为主要依据制定价格的方法，简单地说就是在成本的基础上加上期望利润，从而计算出产品单价。

（2）竞争导向定价　是初创企业通过与竞争对手在生产条件、服务状况、价格水平等方面的比较后，以竞争者类似产品的价格作为本企业产品定价的参照定价方法。通常有随行就市、优势高价、劣势低价等方法，投标定价也属于一种特殊的竞争性定价。

（3）需求导向定价　是指根据市场需求状况和消费者对产品的感觉差异来确定价格的定价方法。通常有心理性、习惯性、季节性等方法。

创业初期时因手头上没有太多数据，一般会先用竞争导向定价，然后再用需求导向定价进行衡量，最后再用成本导向定价进行核算，以确定所定价格是否可行并盈利。

4. 成本

对于初创企业来说，预测成本不是一件容易的事情，最好的方法是参观类似企业，了解其成本构成。成本包括采购原材料、生产产品、提供劳务而发生的各种费用，分为直接成本和间接成本（见表6-1）。

$$成本 = 直接成本 + 间接成本$$

（1）直接成本　是在生产过程中直接用于产品的支出，有直接材料成本（采购成本）、直接人工成本，商业企业只有采购成本。

（2）间接成本　是生产过程中组织和管理生产所发生的支出，如生产过程中的水电费、维修费等。

表6-1　初创企业常见的成本构成一览表

原材料（或商品）	办公用品购置费
包装费	手续费
工资和员工福利	贷款利息
租金	宽带费
促销费	差旅费
保险费	交通费
维修费	公司招待费
水电费	业务招聘费
电话费	运输费
	咨询费（律师和会计事务）
	折旧和摊销

5. 期间费用

狭义上讲的费用是指期间费用，是期间性的支出，与具体产品无关，是初创企业为销售商品、提供劳务等日常活动所发生的经济利益的流出，有管理费用、销售费用、财务费用等。

（1）管理费用　指企业行政管理部门为组织、管理生产经营活动及维持企业正常运营而发生的各项费用。如业务招聘费、税金、管理人员工资、职工福利费、办公耗材费、差旅费、折旧费、管理费、劳动保险费等。

（2）销售费用　指企业在销售产品、提供劳务等过程中发生的各项费用，如广告费、运输费、委托代销手续费、展览费、销售服务费、销售部门人员工资与差旅费等。

（3）财务费用　指企业在运营过程中为筹集资金而发生的筹资费用，如利息支出等。

$$期间费用 = 管理费用 + 销售费用 + 财务费用$$

费用预算即成本与期间费用总的预算，是指企业在未来经营中将耗费的资金总和测算。

$$成本费用 = 成本 + 期间费用$$
$$= 直接成本 + 间接成本 + 管理费用 + 销售费用 + 财务费用$$

6. 预测销售收入步骤

如果想要知道一定量的销售能带来多少收入，就必须做好销售收入预测，可以通过以下步骤来预测销售收入。

第一步，列出所有产品或产品系列，或所有服务项目。

第二步，预测开业的每个月（至少6个月）期望销售的每项产品或服务数量，数据可以根据之前所做的市场调查得出。

第三步，为计划销售的每项产品或服务制定销售价格。

第四步，用销售价格乘以月销售量来计算每项产品或服务的月销售收入。

7. 制订现金流量计划

现金就像人体的血液一样，如果缺乏现金流量，企业就会倒闭。现金流量计划中明确显示出每个月预计会有多少现金流入和现金流出。制订现金流量计划将帮助初创企业保持充足的动力，使企业在任何时候都不会陷入现金短缺的困境。

现金流量计划其实就是一张表，也叫现金流计划表，以月为单位来制订，一般一次做一年（12个月）的计划，也有做6个月或1个季度的。它包含每个月有关现金方面的项目，比如月初现金、现金流入、现金流出、月底现金等。

知识点 3　资金规划

资金规划包括三个方面的内容：资金的来源规划、资金的使用规划和利润的分配规划（见表6-2）。

表6–2　资金规划表

资金来源	自有资金	单位：	万元
	拆借资金	单位：	万元
	贷款资金	单位：	万元
	融资资金	单位：	万元
资金使用	开办费用	单位：	万元
	资产投入	单位：	万元
	流动资金	单位：	万元
	应急基金	单位：	万元
利润分配	企业预留	单位：	万元
	员工受益	单位：	万元
	合作伙伴	单位：	万元
	股东分红	单位：	万元

1. 资金来源

资金来源有自有、拆借、贷款、融资等方式，大部分创业者的主要资金来源于自有资金，极少部分来自其他形式。自有资金投入后一般都以股权的形式出现，风险较低；拆借与贷款都是以债务的形式存在，风险较高，如果是高利贷，风险将会更高；创业初期的融资一般多为天使投资，以股权或债务的形式存在，风险也比较高。不论是拆借、贷款或是融资，都是中短期的行为，最终还是要依靠自身的力量。

2. 资金使用

（1）开办费用　通俗地说就是企业在筹建期间（从筹建到开始生产、经营的期间）发生的费用支出，包括期间人员工资、办公费、培训费、差旅费、印刷费、注册登记费以及其他不计入固定资产和无形资产购建的支出。

（2）资产投入　一般分为流动资产投入与非流动资产投入，原材料、存货等属于流动资产投入，生产办公场地的购建、无形资产的购置等则属于非流动性资产投入。

（3）流动资金　通俗地说就是企业用于保证企业正常运营周转所必需的资金款项，如用于支付原料、存货、人员工资、场地租金等的款项。

（4）应急基金　指企业为了应对突发事件及防范和化解暂时性资金周转困难而储备的资金。

3. 利润分配

利润分配指将企业实现的净利润按照国家财务制度规定的分配形式和分配顺序，在企业和投资者之间进行分配。在实际经营过程中，在不违法违规的情况下，企业也会将员工、合作伙伴纳入到分配方案中来。

（1）企业预留　从净利润中提取而来，用于弥补公司亏损、扩大公司生产经营或者转为公司资本，建议企业每年的预留资金一般不低于企业年利润的10%。

（2）员工受益　指由股东大会确定的员工年终除正常的工资福利以外的收益。

（3）合作伙伴　指由股东大会确定的企业利益相关者（供应商、渠道、客户及其他合作伙伴）的利润分享。

（4）股东分红　向股东（投资者）支付的年度红利。

创业名言

你需要资金使自己的想法进入潜在顾客的心智中，一旦进入，你还需要资金使自己的想法继续留在顾客的心智中。

——（美）艾·里斯

应用模板

1. 产品定价与销售收入预测（见表6-3）

表6-3　产品定价与销售收入预测

产品或服务	单位	成本单价（元）	最低批发单价（元）	零售单价（元）	平均销售单价（元）	同类产品市场零售单价（元）	月均销售数量	月均销售收入（元）
产品1名称								
产品2名称								
产品3名称								
产品4名称								
产品5名称								
其他产品								
合计		—	—	—	—	—	—	

注：1."成本单价"：即单位产品成本。

2."最低批发单价"：不通过零售商或批发商销售的，不必填。

3."平均销售单价"：各种销售单价的加权平均数。如不通过零售商或批发商销售，即为"零售单价"。

4."月均销售收入"："平均销售单价"和"月均销售数量"之乘积。

2. 固定资产登记（见表6-4）

表6-4　固定资产登记表

项目	原值（元）	月折旧（元）	说明（主要设备的品名、规格、单价、数量）	备注
工具和设备				"月折旧"统一按原值的16.67‰（即折旧年限为5年）计算 "店铺/厂房"不要计入租金
交通工具				
办公家具和设备				
店铺/厂房				
其他				
合计				

3. 原材料采购计划（见表6-5）

表6-5　原材料采购计划表

产品或服务	单位	数量	原材料单价（元）	金额（元）	说明（主要原材料的品名、规格、单价、数量）
产品1名称					
产品2名称					
产品3名称					
产品4名称					
产品5名称					
其他产品					
合计					

注：本表数量和费用均为第一年的月均数。

4. 月销售与管理费用预测（见表6-6）

表6-6　月销售与管理费用预测表

项目		成本费用（元）	备注
销售费用	宣传推广费用		
	场地租金		
管理费用	员工薪酬		
	办公用品及耗材		
	水、电、交通费		
	其他		
财务费用	利息		

5. 经营第一年利润表（见表6-7）

表6-7　经营第一年利润表　　　　　　　　　　　　　　　　（单位：元）

项目		1月	2月	3月	4月	5月	6月	7月	8月	9月	10月	11月	12月	总计
产品1名称	平均售价													
	销售数量													
	月销售额													
产品2名称	平均售价													
	销售数量													
	月销售额													
产品3名称	平均售价													
	销售数量													
	月销售额													
产品4名称	平均售价													
	销售数量													
	月销售额													
产品5名称	平均售价													
	销售数量													
	月销售额													
其他产品	平均售价													
	销售数量													
	月销售额													
一、主营业务收入														
减：主营业务成本	原材料采购/进货													
	销售提成													
	促销/宣传推广													
流转税（按营收的5%计算）														
营业费用	场地租金													
	人员工资													
	办公用品													
	水、电、交通费													
	折旧费（按5年）													
	其他费用													
二、营业利润														
减：所得税（按营收的25%计算）														
三、净利润														

6. 第一年度的现金流量表（见表 6-8）

表 6-8　第一年度的现金流量表　　　　　　　　　　　　　　　　（单位：元）

项目		1月	2月	3月	4月	5月	6月	7月	8月	9月	10月	11月	12月	总计
月初现金														
现金流入	销售收入													
	应收款收入													
	股东投入现金													
	借贷收入													
	其他现金收入													
现金流入小计														
现金流出	原材料采购/进货													
	销售提成													
	促销/宣传推广													
	流转税													
	场地租金													
	人员工资													
	办公用品													
	水、电、交通费													
	固定资产购置													
	借贷还款支出													
	所得税													
	其他支出													
现金流出小计														
净现金流量														
月底现金余额														

注：月初现金第 1 个月为 0，第 2 个月起等于上月"月底现金余额"。

7. 启动资金需求（见表6-9）

表6-9　启动资金需求表

类别/项目		金额（元）	备注（对主要费用及其他重要事项的说明）
固定资产购置合计			
开办费	工商注册、税务登记		
	市场调查费、差旅费、咨询费		
	各种许可证审批费用		
	支付连锁加盟费用		
	其他费用		
	合计		
流动资金	原材料/商品采购		
	场地租金		
	员工薪酬		
	办公用品及耗材费用		
	水、电、交通、差旅费		
	其他费用		
	合计		
启动资金总计			

8. 资金需求来源（见表6-10）

表6-10　资金需求来源表

筹资渠道	资金提供方	金额（元）	占投资总额比例
自有资金	股东		%
私人拆借	亲属、朋友		%
银行贷款	银行		%
其他融资	政府相关部门		%
总计	—		100%

注：初创企业的"自有资金"一般即注册资金。

工作手册

任务名称	你准备投入多少资金？	
团队		
任务实施关键点		
序号	实施步骤	实施策略
1	对创业项目的产品或服务制订合理的价格，并写入表格对应的位置	
2	测算销售收入，并写入表格对应的位置	
3	对创业初期所需设备、工具和办公家具进行预测，并写入表格对应的位置	
4	根据销售量，算出原材料/商品采购成本，并写入表格对应的位置	
5	分别测算创业初期月销售费用、管理费用、财务费用等各项费用支出，并写入表格对应的位置	
6	使用销售量乘以价格计算出主营业务收入，并写入表格对应的位置	
7	做好经营第一年创业项目的利润表	
8	做好经营第一年创业项目的现金流量表	
9	分析创业项目需要多少资金才能启动，讨论创业项目的资金怎么筹集，并写入表格对应的位置	
10	做好会议记录	
11	在工作手册上实施练习	
12	各团队成员分工进行展示	

工作小结

会议纪要

会议主题：		会议时间：	
参会人：		主持人：	

会议内容：

会议结论：

签　名：

随堂练习

1. 资金规划包括三个方面的内容,分别是(　　)。
   A. 资金来源规划　　　　　　B. 利润分配计划
   C. 资金使用规划　　　　　　D. 现金流量计划

2. 如果开办一家服装公司或者服装店,需要哪些成本呢?

   _____
   _____
   _____
   _____

3. 某服装店 2020 年 12 月购入的服装总进价是 20 万。1 件羊毛衫的进价是 200 元,1 条牛仔裤的进价是 50 元。

   (1) 应该怎样计算它们的成本?12 月份开支的租金、工资、水电费、通信费、折旧费等月总间接成本是 4 万元。

   _____
   _____
   _____
   _____

   (2) 如果计划获取利润 30%,羊毛衫和牛仔裤该如何定价?每卖出 1 件羊毛衫能够获取利润多少元?每卖出 1 条牛仔裤能够获取利润多少元?

   _____
   _____
   _____
   _____

考核与评价

任务名称：你准备投入多少资金？

姓名		班级		得分
自我评价 （30分）	自我反思（总结本次任务的完成情况，掌握了哪些知识和技能、锻炼了哪些能力，收获了什么，自己的不足之处以及怎么提升等）			
同学评价 （30分）	团队互评（主要指在团队中的表现情况）			
教师评价 （40分）				
总分 （100分）				

拓展知识

1. 计算单位产品或服务成本的步骤。

首先，了解自己生产产品或提供服务的成本构成。

其次，预测折旧和摊销成本。

最后，计算出单位产品或服务的成本。

2. 折旧和摊销

折旧是由于固定资产在使用过程中不断贬值而产生的一种成本，如机器、工具和车辆等的折旧。折旧虽然不是企业的现金支出，但仍然是一种成本。折旧是针对固定资产而做的，只需要计算固定资产（有较高价值和有较长使用寿命的资产）的折旧价值。在大多数初创项目里，能够折旧的物品为数不多。表6-11是我国税法规定的不同固定资产类型折旧的最低年限，适用于大多数小微企业。

表6-11　固定资产类型折旧最低年限

固定资产类型	折旧的最低年限/年
房屋、建筑物	20
机器、机械和其他生产设备	10
器具、工具和家具	5
飞机、火车、轮船以外的运输工具	4
电子设备	3

摊销一般有低值易耗品的摊销、无形资产的摊销、待摊费用的摊销、长期待摊费用的摊销。摊销除了长期待摊费用以外，都是一年内摊销完毕。

3. 税收计算

如图6-1所示，当前与企业和企业主相关的税收主要有三块，分别是所得税、附加税费和增值税。

（1）所得税　所得税分为企业所得税和个人所得税。

国家对个体工商户、个人独资企业及合伙企业的投资者，不征收企业所得税，只征收个人所得税。

企业所得税是对我国国内企业和经营单位的生产经营所得和其他所得征收的一种税，企业所得税的计税公式为

$$应纳企业所得税额 = 企业纯收入 \times 适用税率$$

企业所得税法定税率为25%，两档优惠税率分别为小型微利企业，减按20%的税率征收企业所得税；国家需要重点扶持的高新技术企业，减按15%的税率征收企业所得税。

（2）附加税费　包括城市维护建设税和教育费附加，除此之外，有些地区还会征收地方教育费附加、水利建设基金等。

（3）增值税　是以商品（含应税劳务）在流转过程中产生的增值额作为计税依据，而征收的一种流转税。其纳税范围包括中华人民共和国境内销售货物或者提供劳务加工、修理修配劳务和应税服务，以及进口货物。增值税纳税人可以分为一般纳税人和小规模纳税人。目前，适用于一般纳税人的增值税税率有16%、10%、6%和0四种。

初创项目创业者可以根据企业的具体情况，到当地税务部门咨询纳税事宜，也可关注税务部门的官方网站，如国家税务总局公众号等权威平台发布的政策消息，当然还可以拨打国家纳税服务热线12366，获取纳税咨询、办税指南等服务。把握好相关税收的优惠、减免等福利政策，可为创业减轻负担。

项目		月份	1月	2月	3月	4月	5月	6月	7月	8月	9月	10月	11月	12月	合计
	销售	含税销售收入													
		增值税													
		销售净收入													
	成本	原材料													
		包装费													
		经理工资													
		员工工资													
		租金													
		促销费													
		保险费													
		维修费													
		水电费													
		电话费													
		宽带费													
		办公用品购置													
		其他费用													
		开办费													
		折旧和摊销													
		总成本													
附加税费															
利润															
企业所得税															
净利润															

图6-1　税收计算说明

图 6-1 中主要项目的计算公式如下。

含税销售收入 = 销售数量 × 销售单价（销售总收入）

增值税 = 含税销售收入 ÷（1+3%）× 3%（小规模纳税人季度销售额不超过 9 万的，免征增值税）

销售净收入 = 含税销售收入 – 增值税

总成本 = 原材料 + 包装费 + … + 折旧和摊销（数据来自投资和流动资金、折旧和摊销）

附加税费（季度销售额未超过 30 万的，不缴纳教育费附加）

应纳城市维护建设税 = 应纳增值税额 × 5%

利润 = 销售净收入 – 总成本 – 附加税费

应纳企业所得税 = 利润 × 50% × 20%（年应纳税所得额不超过 30 万元的小型微利企业，其所得减按 50% 计入应纳所得税，按 20% 的税率缴纳企业所得税）

净利润 = 利润 – 应纳企业所得税

拓展练习

练习　计算

1. 老赵计划开办一家报刊店，请根据以下信息预测老赵这家店的年利润。他预测年含税销售收入总计 80000 元，报刊进价总额为 38000 元，报刊店其他经营成本为 4750 元。请问老赵这家报刊店的年利润是多少？

    _____
    _____
    _____
    _____

2. 老李计划开办一家制造企业，请根据以下信息预测老李这家制造企业的年利润。他预测年含税销售收入总计 82000 元，材料费 8500 元，人工成本 13250 元，其他费用为 2800 元。请问老李这家企业的年利润是多少？

    _____
    _____
    _____
    _____

任务七
你防范风险了吗？

能力目标
能运用所学知识规避创业初期风险的发生，做好未来发展预测。

知识目标
（1）了解创业风险的来源与分类
（2）了解初创企业的发展愿景
（3）熟悉创业初期风险防范的措施
（4）掌握风险分析和风险规避的方法

素质目标
培养风险意识，能将机会和风险结合分析。

阅读任务，在工作手册中完成任务。

常益团队通过市场调研，确定了产品的市场价格，测算了创业初期需要的资金数额和产品的销量，但在实现过程中，都会有一定的风险，要怎么样才能规避这些风险，减少不必要的损失呢？未来的发展又会怎么样呢？

知识点 1　创业风险

1. 创业风险的概念和分类

风险的基本含义是损失的不确定性。发生损失的可能性越大，风险越大。

1）按风险来源的主客观性划分，可分为主观创业风险和客观创业风险。

① 主观创业风险指在创业阶段，由于创业者的身体与心理素质等主观方面的因素导

致创业失败的风险。

② 客观创业风险指在创业阶段，由于客观因素导致创业失败的风险，如市场的变动、政策的变化、竞争对手的出现、创业资金缺乏等。

2）按创业风险的内容划分，可分为技术风险、市场风险、政策风险、管理风险、生产风险和资金风险。

① 技术风险指由于技术方面的因素及其变化的不确定性而导致创业失败的风险。

② 市场风险指由于市场情况的不确定性导致创业者或创业企业蒙受损失的风险。

③ 政策风险指由于战争、国际关系变化或有关国家政权更迭、政策改变而导致创业者或企业蒙受损失的风险。

④ 管理风险指初创企业管理不善产生的风险。

⑤ 生产风险指初创企业提供的产品或服务从小批量试制到大批量生产的风险。

⑥ 资金风险指由于宏观经济环境发生大幅度波动或调整而使创业者或投资者蒙受损失的风险。

2. 创业风险评估

风险评估是对初创企业存在的弱点、面临的威胁、造成的影响以及带来风险的可能性的评估，是风险管理的基础。

风险评估的主要目的是为了有针对性地增强企业经营能力，即对政策的敏感及分析的能力、对市场及消费者感知的能力、公司内管控及彰显员工价值的能力、财务的认知及风险把控力。

3. 创业风险防范

（1）培养创业能力和风险意识　对于创业者而言，一方面要具有强大的创业能力，另一方面还要有足够的风险防范意识。能力是减少创业风险、对风险进行合理控制的重要前提。创业能力代表着能够在创业过程中通过自己的努力展现强大的潜力，取得成绩。风险意识是创业者应对危机和风险所具备的最基本的意识。创业者应学会如何进行市场调研，捕捉市场最前沿的信息，分析并理解市场的最新动态，不管是经济、产业还是消费结构，都要进行详细的调研，因为时代在不断变化，市场亦是瞬息万变，若不能及时掌握一手资料，对现有情况了如指掌，一旦风险和危机来临，就很容易惊慌失措，不知如何应对。因此，需要增强创业能力，提升防范意识，这样才能培养敏锐的市场嗅觉，从容面对各种各样的风险。

（2）规避创业风险　创业者在选择创业项目之前，必须要进行细致的调研工作，不要好高骛远、眼高手低，要在充分了解市场的基础上，根据自身实际情况和资金状况选择项目。创业者不仅要了解各种法律法规，还要不断提升自身的创新意识，掌握并能运用管理学、经济学等方面的知识，这样，在创业中才能正确认识并合理规避风险。

（3）加强资金管理　应加强初创企业资金风险控制，防范资金危机，建立财务风险预警指标体系，加强投资、筹资、资金回收及收益分配的风险控制，加强资金管理，实现企业效益最大化。

（4）建立创新型学习团队　必须结合初创企业的实际情况，不断探索、不断总结，以建立起具有鲜明特色的创新型学习团队，真正促进初创企业的长远发展。

知识点 2　企业愿景

初创企业愿景是初创企业对事业未来的愿望和组织发展蓝图的规划，是整个初创企业运营或商业计划的核心、灵魂与目标。它包含时间、地域、行业、目标四个构成因子。

有钱谁都会创业，关键在于没有钱怎么创业。

——（日）田中修

应用模板

请在表 7-1 中填写风险分析与对策。

表 7-1　风险分析与对策

风险类别	分析	对策
政策风险		
市场风险		
技术风险		
管理风险		
资金风险		
其他风险		

工作手册

任务名称	你防范风险了吗？	
团队		
任务实施关键点		

序号	实施步骤	实施策略
1	讨论分析项目可能遭遇的风险情况，填写对应的表格	
2	对应项目情况，讨论风险转化条件	
3	确定对策预案	
4	做好会议记录	
5	在工作手册上实施练习	
6	各团队成员分工进行展示	

工作小结

会议纪要

会议主题：		会议时间：	
参会人：		主持人：	

会议内容：

会议结论：

签　名：

随堂练习

一、选择题（可多选）

1. 可控风险是指在一定程度上可以控制或部分控制的风险，如（　　）。
   A. 市场风险　　　　B. 财务风险　　　　C. 政治风险　　　　D. 环境风险
2. 按初创企业风险的内容划分，可分为（　　）。
   A. 技术风险、市场风险　　　　　　B. 政策风险、管理风险
   C. 生产风险　　　　　　　　　　　D. 资金风险
3. 对于发生频率低且影响程度低的风险，企业采用（　　）风险管理方式。
   A. 风险避免　　　B. 风险转嫁　　　C. 风险自留　　　D. 风险抑制
4. 初创企业的愿景包括（　　）四个构成因子。
   A. 时间、地域、行业、目标　　　　B. 时间、人员、目标、行业
   C. 行业、事项、目标、地点　　　　D. 地域、人员、行业、目标
5. 当创业机会面临某种不确定性时，这种不确定性发生的可能性便被称为机会风险（　　）。
   A. 正确　　　　　B. 错误　　　　　C. 不确定　　　　D. 有可能

二、分析题

1. 小组找一个创业失败案例，分析其失败的主要原因是什么？

   _____
   _____
   _____
   _____
   _____

2. 在这个创业失败案例中，企业在经营过程中面临的主要风险有哪些？他们是如何应对的？小组给出的建议是什么？

   _____
   _____
   _____
   _____
   _____

考核与评价

任务名称：你防范风险了吗？

姓名		班级		得分
自我评价 （30分）	自我反思（总结本次任务的完成情况，掌握了哪些知识和技能、锻炼了哪些能力，收获了什么，自己的不足之处以及怎么提升等）			
同学评价 （30分）	团队互评（主要指在团队中的表现情况）			
教师评价 （40分）				
总分 （100分）				

拓展知识

注重知识产权及其保护，是企业发展的基础，强烈的知识产权保护意识，是企业发展壮大的基础和保障。注重知识产权及其保护的企业和国家具有更强的创新力、竞争力。中国知识产权第一人、著名法学家郑成思说过："知识产权制度的本质是鼓励创新，不鼓励模仿与复制；有形财产的积累，是靠无形财产（主要是知识产权）去推动的。"在国际市场竞争愈演愈烈的当下，只有拥有核心自主知识产权，才能推动创新产业的发展。下面主要介绍知识产权的基础知识，有助于我们树立和培养保护知识产权的意识。

1. 知识产权

（1）知识产权的内涵　知识产权知识体系是一个庞大的知识体系，包括专利、商标、著作权、反不正当竞争、商业秘密等。一般知识产权是一种由国家在特定年限里授予个人的，能得到国家保护的权利。

（2）知识产权的基本特征　主要体现为独占性、时间性和地域性。

1）独占性。指专利权是一种无形财产权，具有排他性质，任何人要实施专利，除法律另有规定的以外，还必须得到专利权人的许可，并按双方协议支付使用费，否则构成侵权。

2）时间性。指专利权只在授权有效期限内有效，期限届满或终止失效后该发明创造就成为社会的共同财富，任何人都可以自由利用，专利权的期限是由专利法规定的。

3）地域性。指一个国家授予的专利权只在授予国或地区的区域范围内有效，对其他国家或地区没有法律约束力，每个国家或地区所授予的专利权，其效力是互相独立的。

2. 专利

（1）专利的概念　专利是专利权的简称，是指发明创造人或其权利受让人对特定的发明创造在一定期限内依法享有独占实施权。经中国国家专利局核准的技术为"专利技术"，受法律保护。

（2）专利的特点　主要体现为独占性、时间性和地域性。

1）独占性。所谓独占性亦称垄断性或专有性。专利权专属权利人所有，专利权人对其权利的客体（即发明创造）享有占有、使用、收益和处分的权利。

2）时间性。所谓专利权的时间性，即指专利权具有一定的时间限制，也就是法律规定的保护期限。各国的专利法以于专利权的有效保护期均有各自的规定，而且计算保护期限的起始时间也各不相同。《中华人民共和国专利法》第四十五条规定："发明专利权的期限为十五年，自申请日起计算。实用新型和外观设计专利权权期限为五年，自申请日起计算，期满前专利权人可以申请续展三年。"

3）地域性。所谓地域性，就是对专利权的空间限制。它是指一个国家或一个地区所授予和保护的专利权仅在该国或地区的范围内有效，对其他国家和地区不发生法律效力，其专利权是不被确认与保护的。如果专利权人希望在其他国家享有专利权，那么，必须依照其他国家法律另行提出专利申请。除非加入国际条约及双边协定另有规定之外，任何国家都不承认其他国家或者国际性知识产权机构所授予的专利权。

除了上面三个主要特征，专利权还具有如下法律特征：专利权是两权一体的权利，既有人身人权，又有财产权；专利权的取得须经专利局授予；专利权的发生以公开发明成果为前提；专利权具有利用性，专利权人如不实施或不许可他人实施其专利，有关部门可采取强制许可措施，使专利得到充分利用。

3．专利的申请

（1）授予专利的原则　按照专利法的基本原则，对于同一个发明只能授予一个专利权。当出现两个以上的人就同一发明分别提出专利申请的情况时，有两种处理的原则：一个是先发明原则，一个是先申请原则。①先发明原则是指同一发明如有两个以上的人分别提出专利申请，应把专利权授予最先做出此项发明的人，而不问其提出专利申请时间的早晚。但由于在采取此项原则时，在确定谁是最先发明人的问题上往往会遇到很多实际困难，因此，目前在世界上只有美国、加拿大和菲律宾等少数国家采用这种专利申请原则。②先申请原则是指当两个以上的人就同一发明分别提出申请时，不问其做出该项发明的时间的先后，而按提出专利申请时间的先后为准，即把专利权授予最先提出申请的人，中国和世界上大多数国家都采用这一原则。

（2）专利审查的程序　各国对专利申请的审查有不同的要求，基本上实行两种不同的制度。有的国家实行形式审查制，即只审查专利申请书的形式是否符合法律的要求，而不审查该项发明是否符合新颖性等实质性条件。有些国家则实行实质审查制，即不仅审查申请书的形式，而且对发明是否具备新颖性、先进性和实用性等条件进行实质性的审查，只有具备上述专利条件的发明，才授予专利权。中国和世界上大多数国家采用实质审查制。

（3）专利办理的途径　主要有两条途径：委托国家认可的专利代理机构办理；申请人直接到中国国家专利局办理。

拓展练习

练习　案例分析

小张同学是某职业院校机械工程专业的学生。他对智能机器人制造产生了浓厚的兴趣，在专业老师的指导下，他通过努力，成立了自己的研发团队，致力于工业机器人的研发和制造。在大学二年级的时候,小张的研发团队以自己的机器人研究成果作为创业设想,参加了省级创新创业大赛,获得了特等奖。其机器人技术受到商家的青睐。获奖的荣誉也让小张和团队成员沾沾自喜,多次把参赛作品给别人借阅。没想到他们的技术信息被某个借阅的学生获得并很快进行了专利注册,与商家洽淡了合作事宜。

此时,小张和团队成员才醒悟。为了保护自己的知识成果,小张在老师和学生的支持下,积极寻求法律保护。他们先向专利主管部门提交了专利权属的申请,并向主管部门提供了相应的证据,从时间、发明过程和核心技术术等方面佐证了自己对专利的权属。根据其技术核心要素的发明特征,专利主管部门最终同意重新审核授权。

1. 小张在创新成果保护方面出现了哪些问题?
_____
_____
_____

2. 小张和团队成员能赢得最终的胜利吗?如果能,请问应该如何赢得胜利?
_____
_____
_____

任务八
你进行工商注册了吗？

创新创业实训教程

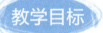

能力目标
能运用所学的知识对初创企业进行工商注册。

知识目标
（1）了解工商登记注册的意义。
（2）了解工商登记注册的影响。
（3）掌握初创企业创业计划的制订。
（4）掌握工商登记注册的基本流程。

素质目标
认识到自己在初创企业时所要承担的责任，培养责任意识。

下达任务

阅读任务，在工作手册中完成任务。

常益团队讨论分析了创业项目目前存在的风险，决定打造出一款时尚、便捷、智能的多功能电脑包，并在五年之内成为中国最受欢迎的、最流行的电脑包。他们已经设计出了产品，接下来要怎么样完成创业计划呢？他们决定与一家厂商进行合作生产，应该怎样保护创业初期的权益呢？如何注册公司呢？

知识点 1 创业计划书

1. 创业计划书的概念

一旦决定实施创业计划，就有很多工作要做，安排这些工作的最好办法是制订一份行动计划，就可以有条不紊地按时完成所有的任务。在行动计划中包括确定哪些事情要做，由谁来做，何时去做。一份创业计划书包括以下几个部分。

（1）初创企业概况　简述你选择创业项目的理由、解决的社会痛点、企业愿景，重点说明主要经营的范围。

（2）创业者个人情况　分析你具备的相关知识、经验和创业能力。

（3）市场分析　针对目标顾客需求确定产品的市场定位，利用SWOT分析初创项目，阐述未来的市场发展前景以及目标顾客和竞争对手的情况。

（4）营销策略　详细介绍产品或服务、价格、营业地点、销售渠道和促销方式，以及商业模式。

（5）人员与组织结构　考虑如何组建企业，包括确定企业的法律形态、组织结构、组成人员及其岗位职责。

（6）财务分析报告　包括生产经营所需设备、工具和办公家具等固定资产；原材料、商品采购计划、销售与管理费用预测、启动资金需求、启动资金来源、利润表、现金流量表。

（7）风险分析与对策　初创企业可能面临的风险及对策。

（8）企业愿景　产品或服务推向市场后三年的预期发展形势及创业目标。

（9）附录　包括市场调研数据、专利证明、产品样本与说明书、新闻报道与采访媒体等。

2. 创业计划书的评估指标

指标一——阐述创业构想思路明确，重点突出，能全面客观介绍项目的性质、特点。

对应内容：1）项目概况/项目简介/项目介绍。

　　　　　2）产品或服务/产品介绍/解决方案。

指标二——市场分析全面，营销策略科学，财务分析严密，财务报表完备。

对应内容：1）市场分析。

　　　　　2）商业模式/盈利模式。

　　　　　3）营销策略。

　　　　　4）财务分析/财务预测/资金预算。

指标三——融资方案切实可行，项目回报率明确合理，关键风险把握较准，有分析以及应对策略。

对应内容：1）财务分析/财务预测/资金预算。

　　　　　2）融资需求。

　　　　　3）发展规划/投资回报。

　　　　　4）风险控制。

指标四——熟知团队经营管理的特点，有明确的公司组织结构。

对应内容：团队介绍。

指标五——PPT 展示重点突出，层次分明。所谓层次分明，即有总有分，逻辑贯通，一目了然。尽可能用图形化、数据化的呈现形式，拒绝大篇幅的文字。

PPT 具体展示如图 8-1 所示。

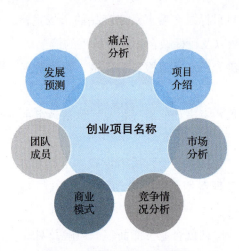

图 8-1 创业项目 PPT 展示

知识点 2　工商登记注册

许多初创企业在创业之初，或者在开业之前，甚至开业一段时间之后，都没有办理任何注册登记手续，认为工商注册登记是多余的，没有必要，最后就影响了整个经营，得不偿失。

遵纪守法的企业不但可以赢得客户的信任、供应商的合作、员工的信赖、政府的支持，而且还会赢得竞争对手的尊重，从而为自己营造一个良好的生存发展空间。我国法律规定，新办企业，要经工商行政管理部门核准登记，并提交相关资料后，方可领取营业执照。

营业执照是企业主依照法定程序去申请，用来规定企业经营范围等内容的书面凭证。新办企业必须有一个明确的合法身份，就像企业的"户口"一样。我国法律规定，新办企业要经工商行政管理部门核准登记，领取营业执照，才能够享有法律给予的相关保护，创业初期的企业也只有领取营业执照之后，才算有了合法身份，才可以开展各项法定的经营业务。

1. 申请方式

以湖南省目前的登记程序为例，工商登记注册的申请方式有以下三种。

第一种，现场申请。即到经营场所所在地的工商行政管理部门进行登记注册，如果该登记机关委托其下属工商行政管理所及工商所办理,就直接去工商所办理登记手续,比如在湖南省常德市,个体工商户就可以直接去经营场所所在地工商所办理相关注册手续。

第二种,网上申请。在互联网时代,网上申报平台已成为更多人选择的一种方式,可以通过登录湖南省市场监督管理局网站(http://amr.hunan.gov.cn/),进入湖南省企业登记全程电子化业务系统,办理相关登记注册手续,这种方式非常便捷,在家即可轻松办理。

第三种,委托代办。可以委托一家中间代理机构进行办理,一般在工商注册登记机构的附近,就有为初创企业提供服务的公司。

湖南省企业登记全程电子化业务系统暂时不支持个体工商户的登记注册,如果要注册个体工商户,需要采取现场办理的方式。如果要注册的是个人独资企业、合伙企业或者有限责任公司,则可以任选以上三种方式当中的一种。

2. 工商登记注册流程

工商登记注册流程如图8-2所示。

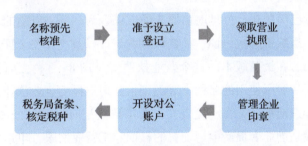

图8-2 工商登记注册流程

(1)初创企业名称预先核准

初创企业取名时,应注意不能重名、侵权、违规。可以预先准备至少5个企业名称,以备工商登记注册机关在一定时间和范围内核查。在制定企业名称时,应严格遵守国家法律法规和规章,全面履行应尽的责任和义务,可以查看《企业名称登记管理条例》《企业名称禁限用规则》《企业名称相同相近对比规则》进行名称预先核准。

一个完整的初创企业名称包括四个部分。

- 行政区划:企业所在地省级、地市级、县级行政区划。
- 名称字号:一般用2~10个汉字组成。
- 行业(经营特点):主营业务在国民经济行业分类标准中的类别。
- 组织形式:企业法律形态。初创企业常见的企业法律形态有个体工商户、个人独资企业、合伙企业和有限责任公司四种。个体工商户、个人独资企业、合伙企业名称的组织形式可以选用厂、店、铺、馆、行、商店、中心等字样,但不得使用企业、公司、有限责任等字样。

(2) 准予设立登记

初创企业准予设立登记需要递交的资料有《企业名称预先核准通知书》、行业行政部门的经营许可证、申请资料（申请表、人员证明、场地证明、出资证明等），审查合格后领取《准予设立登记通知书》。大学生创业初期常选择个体工商户和有限责任公司两种法律形态，需要提供材料如下。

1) 个体工商户现场申请所需资料。《个体商工商户名称预先核准通知书》、申请人签署的个体工商户注册登记申请表、申请人身份证明复印件、行业行政部门的经营许可证书、国家工商行政管理总局规定提交的其他文件（不同地区工商行政管理部门有不同要求）。

2) 有限责任公司网上办理所需资料。企业基本情况、股东出资情况（认缴和实缴）、董事、监事、经理情况、涉企信息（即税务信息和财务负责人）、其他材料（包括由公司登记备案的申请书、公司的章程、指定代表或者共同委托代理人授权的委托书等）。

(3) 领取营业执照

办理营业执照需递交的资料有申请人签署的个体开业登记申请表、从业人员证明、经营场所证明、家庭成员关系证明、从业人员照片。

现在办理手续已简单化，办理时由原来的五证合为一证。以前的五证包括工商营业执照、税务登记证、组织机构代码证、社会保险登记证以及统计登记证。现在公司只有一个统一社会信用代码，在最新版本的这个营业执照（见图 8-3）上面，有八项内容，分别是①名称，即公司注册所使用的名称；②类型，公司选择的企业法律形态；③住所，是公司营业所在地的详细地址；④法定代表人，在申请登记时指定的公民姓名；⑤注册资本；⑥成立日期，一般是创业者提交申请资料的日期；⑦营业期限，申请的经营期限，创业者大部分都会选择长期；⑧经营范围，指的是开展经营活动所属的行业类别，登记机关会根据申请人的申请，并参照国民经济行业分类中的类别标准，进行划分。

(4) 管理企业印章

一般企业的印章包括公章、财务章、发票章以及私章等。刻章地点需是经公安局备案指定的刻章机构。

很多初创企业对企业印章的管理并没有设立明确的管理制度，从而容易引发一些纠纷。作为一个创业者，应该把企业印章的管理列入企业管理章程中，印章管理内容如下。

1) 企业印章必须由企业统一刻制，并明确企业印章审批人和印章的保管人，形成专人负责制，避免印章由多人负责保管。

2) 企业印章使用流程应实行登记审批制。印章管理人对印章的使用必须查看印章申请表上是否有审批人的签字，如果没有，则拒绝使用，特殊情况下，可在征得审批

图 8-3 营业执照

人的口头同意后,先加盖印章再补签字。

3)企业印章的刻制、下发、使用、回收和销毁,都应登记备案,印章管理人发生变更时,应在管理部门的监督下办理交接手续。

4)企业应建立相应规章制度,对违反印章管理规定的员工给予处罚。对于违规私刻印章或者违规用章的,企业有权视情节给予警告、罚款、解除劳动合同等处分,情节特别严重的,企业应追究责任人的民事赔偿责任,甚至刑事责任。

以上四点仅供参考,创业者也可以根据实际需求去制订相关的规定。

(5)开设对公账户

企业的印章刻制完毕后,还要到银行开设对公基本账户,需要提供营业执照、法人代表的身份证复印件以及公司的公章、财务章等,还有银行要求提交的其他资料。所有提交资料齐全之后,3~5个工作日内对公账户即可开设成功,可以领取到一张开户许可证,如图8-4所示。

图8-4 开户许可证

(6)税务局备案、核定税种

企业在领取营业执照之日起的15天之内,要到税务局进行备案,核定税种。建立企业的账本,如果公司规模较小,可以请代理记账公司进行代理记账,无论有没有收入,每一个纳税期都要进行纳税申报。

如果超过规定的时间还没有进行备案,将会被处以罚款。根据《中华人民共和国税收征收管理法》第六十条,如果纳税人没有按照规定的期限申报办理税务登记的,则由税务登记责令限期改正,可以处以2000元以下的罚款,如果情节特别严重的,会处以2000元以上1万元以下的罚款。

为鼓励高校毕业生自主创业,以创业带动就业,财政部、国家税务总局印发《关于支持和促进就业有关税收政策的通知》,明确自主创业的毕业生从毕业年度起可享受3年税收减免的优惠政策。

一个人围着一件事转，最后全世界可能都会围着你转；一个人围着全世界转，最后全世界可能都会抛弃你。

——正和岛创始人刘东华

 应用模板

1. 创业计划书

创业计划书
目录

1. 公司概况
   1.1 创业者介绍
   1.2 项目介绍
   1.3 市场机会
2. 市场分析
   2.1 市场定位与目标客户
   2.2 技术优势
   2.3 竞争分析
   2.4 项目 SWOT 分析
3. 营销策略
   3.1 产品特征
   3.2 产品定价
   3.3 销售渠道
   3.4 宣传推广
   3.5 商业模式
4. 人员与组织结构
   4.1 组织结构
   4.2 团队成员
   4.3 部门/岗位职责
5. 财务分析
   5.1 启动资金需求
   5.2 启动资金来源
   5.3 利润表（一年）
   5.4 现金流量表（一年）
6. 风险分析与对策
7. 企业愿景
   7.1 发展预测
   7.2 企业愿景
8. 附录

2. 初创企业概况

企业全称：

主营业务：

目标客户：

企业愿景：

出资金额：

团队成员	职务	出资金额	占股比例

合作协议（包括创业者应遵守的章程、投资比例分配、分工与责任、股权与权益分配、保密条款、撤退等）：

签名：

工作手册

任务名称	你进行工商注册了吗？	
团队		
任务实施关键点		

序号	实施步骤	实施策略
1	讨论确定企业全称，填写表格	
2	填写已确定好的业务、目标客户、企业愿意	
3	制作一份完整的创业计划书	
4	制作项目展示 PPT	
5	讨论确定合伙协议	
6	做好会议记录	
7	在工作手册上实施练习	
8	各团队成员分工进行展示	

工作小结

会议纪要

会议主题：		会议时间：	
参会人：		主持人：	

会议内容：

会议结论：

签　名：

随堂练习

1. 谈谈初创企业工商登记注册的步骤是什么？

2. 初创企业工商登记注册需要准备的材料有哪些？可以通过哪些方式进行申请？

考核与评价

✏️ **任务名称：你进行工商注册了吗？**

姓名		班级		得分
自我 评价 （30分）	自我反思（总结本次任务的完成情况，掌握了哪些知识和技能、锻炼了哪些能力，收获了什么，自己的不足之处以及怎么提升等）			
同学 评价 （30分）	团队互评（主要指在团队中的表现情况）			
教师 评价 （40分）				
	总分 （100分）			

拓展知识

1. 工商登记注册的注意事项

（1）关于前置许可　正常情况下，企业名称自主申报通过后，可直接在系统中办理设立登记，或者去登记机关窗口办理，但涉及工商登记前置审批事项目录的企业名称，则需要先办理前置审批。需要前置审批的项目目前共有 28 类，包括快递业务的经营许可、营利性民办学校或机构的办学许可、烟草专卖批发企业的许可等，在登录平台，输入经营范围之后，系统也会自动提示是否需要前置审批，需要前置审批的企业，要先去相关主管部门办理许可证之后，方可进行工商登记，比如有污水或者污染气体排放的企业，就需要先在环保部门办理相关许可证，才能进行工商登记注册。

（2）关于企业名称的保留　企业名称在自主申报通过后，系统将保留 30 天，如果在保留期内未及时提交设立登记申请的，该名称将会自动失效。如果在提交名称之后，发现有关名称的项目需要调整，可以修改后重新提交，但是注意调整的机会只有一次。如果在 30 天之内，由于各种原因不能提交设立申请登记的，可以在名称保留期限内申请延期一次，延长的期限也是 30 天，一定要关注好时间，在有限的时间之内，办理好相关的手续，及时进行注册登记。

（3）关于股东出资情况的填写　在营业执照上，有一栏叫作注册资本，资金可以分为实缴和认缴。

1）实缴登记制，指实缴资本到位后，才能登记设立，就是说一开始就需要将注册资本缴全，不可以缺缴，这种方式对开始创业的资金是有要求的。

2）认缴登记制，指不需要一开始就缴全，各股东认足出资额就能登记设立，出资时间由全体股东约定，但不得超过公司的营业期限，这个制度的改革，对初创企业很有利，一开始不需要投入大量的资金，只需要在期限内交全就可以。比如说，现在 A 和 B 准备一起投资一家公司，注册资本 500 万元，按照现在的要求，这 500 万元可以认缴，而不用实际出资 500 万元存入公司的账户，大大降低了创业者们前期对资金周转的需求。一些特殊企业是不可以实行注册资本认缴登记的。目前共有 27 类，比如直销企业、保险公司、期货公司、证券公司等，具体情况可以自行在网上搜索查询。

2. 企业的日常工作

企业类型不同，其日常管理也有差异。贸易类企业的日常工作是销售、采购存货、记账和管理好员工；服务类企业的日常工作是招揽生意、完成服务任务、管理员工、使工作保质保量，有成效。除此之外，还要采购材料、控制成本、为新服务项目定价。制造企的日常管理包括接订单、提高生产能力、安排车间生产、购进原材料、调配好工厂的设备、监控工作质量、控制成本、销售产品等。农林牧渔企业的日常工作包括购进原材料、控制成本、为种植和养殖的产品定价、做好疾病的防治等。

通常情况下，初创企业会涉及的日常管理如下。

（1）管理员工　要树立团队意识，提高员工的积极性，提高工作质量标准，提高生产效率，重视员工的培训和人身安全。

（2）采购和存货管理　要对采购的原材料、商品等存货实行验收、保管、领用、盘点等管理制度，保存存货的安全完整，提高存货的运营效率。

（3）生产管理　在生产管理过程中，初创企业通常需要做以下决策：生产什么、谁生产、何时生产、如何生产、生产数量、生产质量。

（4）促销　使现在的和潜在的顾客了解你的产品或服务，一般采用广告、散发小册子、利用自媒体播放（如抖音、微视频等）、打折以及其他一系列销售活动等。

（5）控制成本　作为创业者，一定要清楚生产成本或进货成本，有助于制定价格、降低成本、赚取更多的利润。

（6）制定价格　要为产品和服务制定合理的价格，使产品或服务既能产生利润，又有竞争优势。

（7）业务记录　创业者必须清楚企业经营状况，如果经营遇到困难，通过分析业务记录发现问题，及时解决。做好业务记录有助于开展以下工作：控制现金、控制赊账、随时了解你的负债情况、控制库存量、了解员工动态、掌握固定资产状况、了解企业经营状况、上缴税款、制订计划。初创企业如果没有专职会计，为了掌握现金流，创业者可以自学简单的记账办法，一般包括收入的资金、支出的资金、债权人、债务人、资产和库存。

（8）建立办公室　办公室工作有助于企业的内外协调与工作开展。

练习　你做好创业准备了吗？（见表8–6）

表8–6　创业准备评价表

请在对应的选项下画"√"。

问题	你的评价	
	是	否
1. 你已确定所出售的产品或提供的服务了吗？		
2. 你的目标顾客明确吗？		
3. 你知道竞争对手的产品或服务吗？		

(续)

问题	你的评价	
	是	否
4. 你预测过你的产品或服务销量吗?		
5. 你制定好产品或服务的销售价格了吗?		
7. 你选择好营业地点了吗?		
8. 你决定好采用的销售方式了吗?		
9. 你知道如何选择初创企业的法律形态了吗?		
10. 你的合伙人确定了吗?		
11. 你的企业合伙人及员工的职责制订了吗?		
12. 你预测第一年的销量了吗?		
13. 你预测第一年的销售与成本计划了吗?		
14. 你制订第一年的利润计划了吗?		
15. 你制订第一年的现金流量了吗?		
16. 你计算开办企业所需要的启动资金了吗?		
17. 你筹到所有的启动资金了吗?		
18. 你知道怎么办理营业执照和许可证了吗?		
19. 你知道办理执照需要多少钱吗?		
20. 你是否对你开办企业有足够的信心呢?		

请计算一下,在"你的评价"中有多少个"否",如果是"0",你已经准备充分,可以开办自己的企业;如果是"1~10"个,你需要重新准备,改进自己的举措;如果是"10"个以上,开办企业的风险太大,需做好准备后重新进行评估。

参考文献

[1] 安徽省人力资源和社会保障厅,安徽省就业促进会. 创业实训:学员版[M]. 北京:中国劳动社会保障出版社,2016.

[2] 王艳茹. 创新创业教程[M]. 北京:中国铁道出版社有限公司,2020.

[3] 雷家骕,葛健新,王华书,等. 创新创业管理导论[M]. 北京:清华大学出版社,2014.

[4] 朱燕空. 创业学什么:人生方向设计、思维与方法论[M]. 北京:国家行政学院出版社,2016.

[5] 全球模拟公司联合体中国中心,北京正保育才科技股份有限公司. 创业实训(学员版)[M]. 北京:中国商业出版社,2016.

[6] 人力资源和社会保障部职业能力建设司,中国就业培训技术指导中心. 创办你的企业——创业计划培训册[M]. 北京:中国劳动社会保障出版社,2017.

[7] 王祖莉. 就业与创业指导[M]. 北京:高等教育出版社,2017.

[8] 蔡跃. 职业教育活页式教材开发指导手册[M]. 上海:华东师范大学出版社,2020.

[9] 孟奕爽. 创业思考力——从创意到产品开发[M]. 长沙:湖南教育出版社,2019.

[10] 薄赋谣. 创新创业基础[M]. 北京:高等教育出版社,2021.

[11] 汤税华. 大学生创新创业实训手册[M]. 北京:高等教育出版社,2016.

[12] 内克,格林,布拉什. 如何教创业——基于实践的百森教学法[M]. 薛红志,李华晶,张慧玉,等译. 北京:机械工业出版社,2018.

[13] 凌教头. 微商创业者手册[M]. 北京:机械工业出版社,2016.

[14] 韩树杰. 商业计划书与创业行动指南[M]. 北京:机械工业出版社,2020.

[15] 胡飞雪. 创新思维训练与方法[M]. 北京:机械工业出版社,2009.

[16] 曹敏. 大学生职业发展与就业指导[M]. 长沙:湖南科学技术出版社,2017.

[17] 吴金闪. 教的更少,学得更多——概念地图在学习与教学中的应用[M]. 北京:人民邮电出版社,2017.